調理科学実験

第2版

●編著
早渕　仁美
中嶋加代子
小西　史子

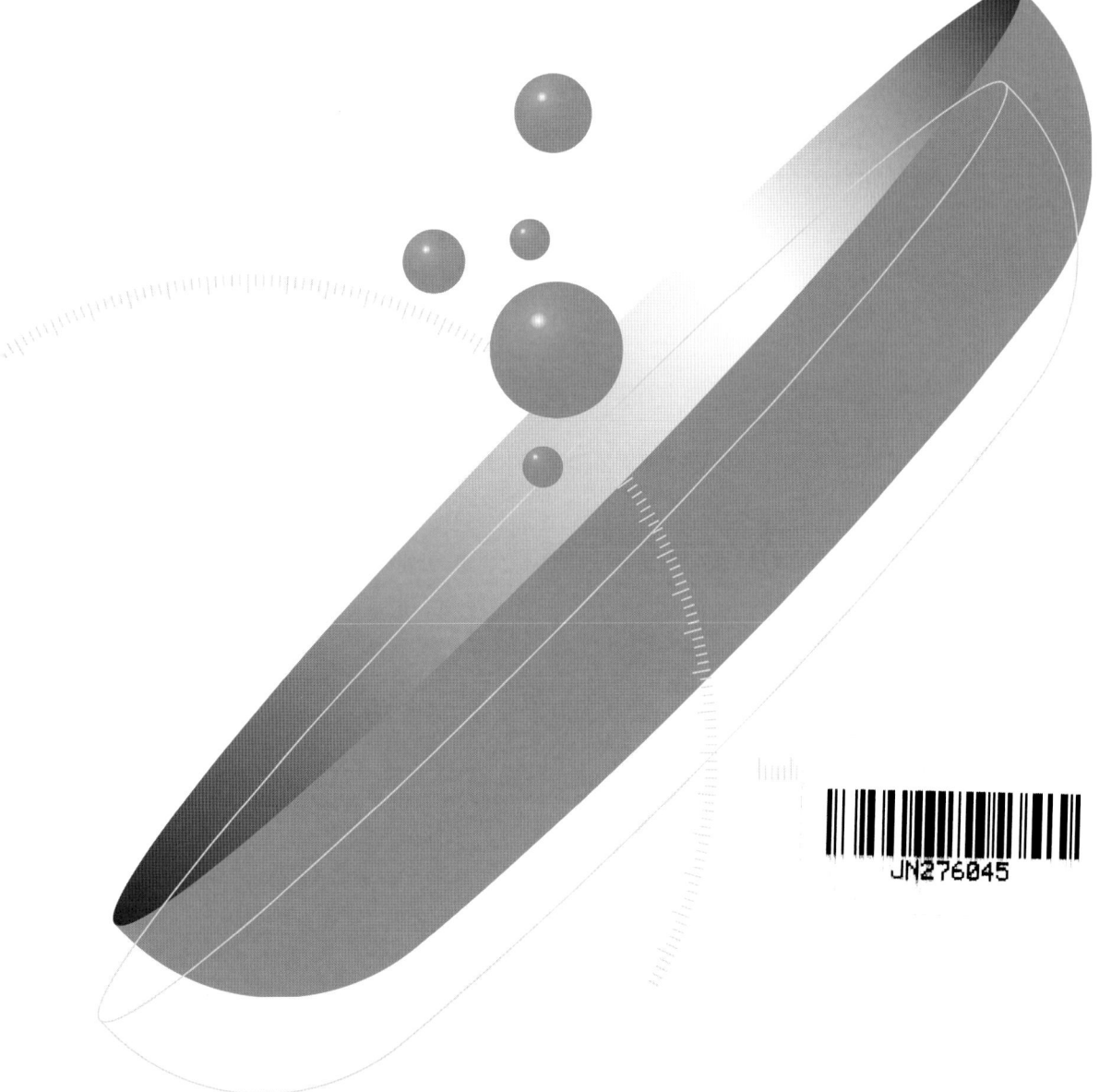

医歯薬出版株式会社

●編著者

早渕仁美（はやぶちひとみ）　公立大学法人福岡女子大学　名誉教授
（執筆：1〜17）

中嶋加代子（なかしまかよこ）　別府溝部学園短期大学食物栄養学科　教授
（執筆：3, 19）

小西史子（こにしふみこ）　女子栄養大学栄養学部　教授
（執筆：16, 18）

●執筆者

舟木淳子（ふなきじゅんこ）　公立大学法人福岡女子大学国際文理学部食・健康学科　准教授
（執筆：1, 2）

秋永優子（あきながゆうこ）　福岡教育大学教育学部家政教育講座　教授
（執筆：4, 11, 15）

楠瀬千春（くすのせちはる）　九州栄養福祉大学食物栄養学部食物栄養学科　教授
（執筆：6, 13）

小口悦子（おぐちえつこ）　東京家政学院大学　名誉教授
（執筆：7）

渡辺豊子（わたなべとよこ）　元千里金蘭大学生活科学部食物栄養学科　教授
（執筆：8）

山本奈美（やまもとなみ）　和歌山大学教育学部　教授
（執筆：9）

松下 純子（まつしたじゅんこ）　徳島文理大学短期大学部生活科学科　教授
（執筆：10）

真部真里子（まなべまりこ）　同志社女子大学生活科学部食物栄養科学科　教授
（執筆：12, 14）

澤田崇子（さわだたかこ）　関西福祉科学大学健康福祉学部福祉栄養学科　准教授
（執筆：17）

（執筆順/2021年1月現在）

This book is originally published in Japanese under the title of :

Chourikagakujikken
(Experiment of Cooking Science)

Editors :

HAYABUCHI, Hitomi
　Professor Emeritus, Fukuoka Women's University

NAKASHIMA, Kayoko
　Professor, Beppu Mizobe Gakuen College

KONISHI, Fumiko
　Professor, Faculty of Nutrition, Kagawa Nutrition University

© 1989　1st ed.
© 2005　2nd ed.

ISHIYAKU PUBLISHERS, INC.
　7-10, Honkomagome 1 chome, Bunkyo-ku,
　Tokyo 113-8612, Japan

改訂の序

　平成元年に『調理科学実験ノート』の初版を出版して以来16年が経過した．その間，家政学分野，特に食物栄養分野を取り巻く状況は大きく変化した．また，少子高齢化の進行とともに，生活習慣病の増加による医療・介護などによる負担はますます深刻な問題となっている．

　ところで，栄養士法の改正や健康増進法の制定などに代表されるように，健康や栄養に対する社会の関心やニーズは非常に大きい．一方，大学・短大・専門学校における食物・栄養・健康教育のあり方については多くの課題が残されている．このこともあり，管理栄養士・栄養士養成施設においてはカリキュラムの大幅な見直しが，平成14年に発表された管理栄養士国家試験出題基準（新ガイドライン）や，平成17年度から創設される栄養教諭制度に沿って行われている．

　現カリキュラムでは，調理学関連科目は削減される傾向にある．しかし健康づくりの食事にも食事療法の食事にも，美味しい調理が不可欠であり，医師や看護師など他の医療職種が学んでいない調理学の知識と技術は，チーム医療に参画する管理栄養士の専門性が最も発揮できる分野である．

　しかし，短時間で効率よく調理学の知識と技術を習得しなければならない状況下においては，講義と実習だけではなく調理科学の実験を導入することにより，学生自らが知識と技術を有機的に結びつけ，応用発展に繋がるような，基礎知識・技術の理解と学習が望まれる．

　本書の特色の一つは，調理科学の基礎的知識と技術を確実に習得するための実験用テキストであると同時に，学生自身が実験結果や考察を記録に留めることができるようにしてあるので，調理科学の「マイテキスト」として，卒業後も本書を活用できることである．また，各項目に設けられた課題は，調理学の基礎知識の理解を深めるためのものであるが，学生自身が調理に興味をもつ動機付けにもなり，管理栄養士国家試験や教員採用試験対策，さらに就職後の食生活改善・食育などの実践活動にも役立つものである．

　この度，編者，執筆者ともに新メンバーの参画を得て，さらに初版の特色を活かしながら内容を大幅に改定した第2版を作製した．書名も『調理科学実験』と改名し，新たに「食品物性」と「介護食」に関する実験を加え，給食経営管理に必要な食物の定性的・定量的把握や，高齢社会の栄養管理のニーズにも応えることができるよう，教える側，学ぶ側のどちらにも使いやすいように，各著者に執筆して頂いた．本書を管理栄養士・栄養士・教育者養成のための「調理科学実験書」として，有効に活用して頂ければ幸いである．

　平成17年1月1日

編者を代表して　早渕　仁美

まえがき

　この『調理科学実験ノート』は，大学や短大などで行われる調理科学実験のための教材として作成した．

　調理学は，他の学問に比べると歴史は浅いが実践科学としての家政学の中では大きな分野を占めており，多くの著書や実習書が出版されている．また，調理に関わる事柄を理論的にとらえる調理科学の研究や体系化も着々と進められつつある．

　調理科学は応用科学であり，最終的には実生活に生かされるものでなければならないという使命を担っている．したがって教育にあたっては，理論，実験，実習をバランスよく行い，調理の基礎的知識と技術が確実に学生自身のものになり，より高度な知識や技術を身につけるための礎（いしずえ）にならなければならないと考える．

　著者らは調理科学実験を担当するに当たって，教育対象や目的，設備などの条件を考慮した上で，諸先輩方の実習書を利用させていただいたり，種々の実験例を参考に独自の印刷物を用意するなどして授業を行ってきた．しかし時間数や実験設備などの制約が多い中で，理論の裏付けとなる実験，学生が興味を持ち，ひとつの現象からより多くの事が学びとれるような実験を行うには……と試行錯誤を繰り返しながら，十分なことができないままに数年がたってしまった．

　このたび同じ悩みを持つ者同士が集まり，互いの知識や経験を出し合い，食品の調理性を中心とした調理科学実験のテキストを執筆することになった．そしてテキストであると同時に，学生が実験中の記録にノートとしても使用できることを目的とした．実験項目として総論と各論で17回分を用意しているが，条件により適宜実施していただければ幸いである．

　未熟者の集まりでもあり，諸先輩方の研究成果や成書を参考にさせていただいたが，一部を変更するのみで引用させていただいたものもある．その点，どうかお許しいただきたい．

　最後に，終始ご助力いただいた福岡女子大学家政学部助手井上厚美氏に，心からお礼を申しあげる．

　平成元年8月

編著者　早　渕　仁　美

調理科学実験（第2版）

改訂の序··················3　　　まえがき··················4

1．調理科学実験を行うにあたって　　　　　　　　　　（舟木淳子・早渕仁美）8

1-1　実験上の留意点···8
1-2　当番の仕事···9
1-3　実験の記録···9
1-4　官能評価···9

2．計量・計測に関する実験　　　　　　　　　　　　　（舟木淳子・早渕仁美）14

2-1　食品の体積と重量···14
2-2　目安量···15
2-3　食品のpH測定···15

3．米の調理性に関する実験　　　　　　　　　　　（中嶋加代子・早渕仁美）20

3-1　米の浸漬による吸水量··20
3-2　ビーカー炊飯···21

4．小麦粉（1）グルテンとドウに関する実験　　　　（秋永優子・早渕仁美）26

4-1　小麦粉の種類と性質，グルテンの採取··26
4-2　小麦粉調理における水，砂糖，油脂の役割·····································27

5．小麦粉（2）膨化剤に関する実験　　　　　　　　　　　　　　（早渕仁美）32

5-1　膨化剤とCO_2の発生状態··32
5-2　ベーキングパウダーによる膨化··33
5-3　イーストによる膨化とガス抜きの効果··33

6．いもおよびでんぷんの調理性に関する実験　　　（楠瀬千春・早渕仁美）40

6-1　マッシュポテトの裏ごし温度の違いによる比較······························40
6-2　各種でんぷんの糊化とゲル化の状態···41

7. 砂糖の調理性に関する実験　　　　　　　　　　（小口悦子・早渕仁美）46

　7-1　砂糖液の加熱による変化 ··46
　7-2　シロップ ··47
　7-3　フォンダン（すり蜜），糖衣 ··47
　7-4　あめ，抜絲（糸引き） ··47
　7-5　カラメル ··48

8. 卵の調理性に関する実験　　　　　　　　　　　（渡辺豊子・早渕仁美）54

　8-1　卵の鮮度鑑別 ··54
　8-2　卵白の起泡性と泡の安定性 ··55
　8-3　卵液の熱凝固性 ···55

9. 肉の調理性に関する実験　　　　　　　　　　　（山本奈美・早渕仁美）60

　9-1　ポークソテーにおける食塩と筋切りの意味 ·······································60
　9-2　湿式加熱による肉の軟化とスープの味 ··61
　9-3　ハンバーグステーキにおける副材料の役割 ·······································61

10. 魚の調理性に関する実験　　　　　　　　　　　（松下純子・早渕仁美）66

　10-1　かまぼこの足の強さに及ぼす食塩および魚種の影響 ··························66
　10-2　魚のだし汁のとり方，ムニエルのでんぷんの役割 ·····························67

11. 豆類の調理性に関する実験　　　　　　　　　　（秋永優子・早渕仁美）74

　11-1　豆の吸水 ··74
　11-2　豆の種類と加熱による変化およびあん形成能 ····································75
　11-3　加熱による豆腐の変化 ··76

12. 油脂（1）揚げ物に関する実験　　　　　　　　（真部真里子・早渕仁美）80

　12-1　揚げ油の温度変化，油の吸着と食品の脱水 ······································80
　12-2　市販品と手作り品の衣の違い ···81

13. 油脂（2）種類と乳化に関する実験　　　　　　（楠瀬千春・早渕仁美）86

　13-1　油脂の種類とエマルション ··86
　13-2　マヨネーズ ···87

14. 野菜の調理性に関する実験　　　　　　　　　　　　（真部真里子・早渕仁美）92

- 14-1　野菜の吸水・放水 ……………………………………………………………92
- 14-2　クロロフィルの色調変化 ……………………………………………………93
- 14-3　アントシアンの色調変化 ……………………………………………………93
- 14-4　酵素による褐変 ………………………………………………………………94

15. 果物の調理性に関する実験　　　　　　　　　　　　（秋永優子・早渕仁美）98

- 15-1　果物のペクチンとゲル化 ……………………………………………………98
- 15-2　果汁のゲル化とペクチン・酸・糖の濃度 …………………………………99
- 15-3　果物の褐変と防止法 …………………………………………………………99

16. 寒天・ゼラチンの調理性に関する実験　　　　　　　（小西史子・早渕仁美）104

- 16-1　寒天ゲルに及ぼす砂糖の影響 ………………………………………………104
- 16-2　寒天ゲルに及ぼすレモン汁の影響 …………………………………………104
- 16-3　カラギーナンゲルに及ぼす牛乳の影響 ……………………………………105
- 16-4　ゼラチンゲルに及ぼすたんぱく質分解酵素の影響 ………………………105

17. だし汁に関する実験　　　　　　　　　　　　　　　（澤田崇子・早渕仁美）110

- 17-1　種々のだし汁の調製法と風味 ………………………………………………110
- 17-2　煮干しだしを用いた汁物 ……………………………………………………112

18. 食品の物性に関する実験（食品の物性測定）　　　　　　　　　（小西史子）116

- 18-1　食品による硬さ，付着性，凝集性の違い …………………………………116
- 18-2　レトルト粥，レトルトポタージュの粘度 …………………………………116

19. 介護食に関する実験　　　　　　　　　　　　　　　　　　　（中嶋加代子）122

- 19-1　とろみ汁の飲み込み特性 ……………………………………………………122
- 19-2　ゲル化剤の添加濃度の違いとゼリーの硬さ ………………………………123

索引 ……………………………………………………………………………………126
参考図書 ………………………………………………………………………………128

1. 調理科学実験を行うに当たって

1-1 実験上の留意点

(1) 実験前

① 予定の実験の目的と内容，観察すべきポイントや手順を確認しておく．
② 実験ノートと筆記用具を用意し，実験中に記入できるように準備しておく．
③ 実験服（清潔なもの，調理着でもよい）を着て，名札（班名，出席番号，氏名）を見やすい位置につける．
④ 手指の洗浄を行い，実験中でも使える手拭きを用意しておく．
⑤ 実験に必要な用具を揃える．目的に合った器具を使用し，実験台（調理台）上は実験しやすいように整理しておく．

(2) 実験中

① 共同実験が多いので，手順をよく考え，役割分担をし，各人が責任をもって行う．
② 与えられた実験条件，例えば温度，時間，試料の量，濃度などを正確に守るよう十分配慮する．また，比較実験の場合，その条件以外の条件が異ならないよう十分注意する．
③ 実験記録は，できるだけ早く，正確に，詳細に記録する習慣をつける．また，実験中観察したこと，失敗点，反省するところも書きとめておき，考察の参考にする．
④ 実験は安全（換気，器具の破損，空だき，薬品の取り扱い，やけどなど），かつ衛生的に行う．
⑤ 実験した試料で余ったものなどを食味する場合は，それにふさわしい食器を用意する．

(3) 実験後

① 使用したガラス器具は，なるべく早く，特に注意して洗浄し，蒸留水をかける．乾燥は自然乾燥などとし，布きんなどで拭かない．
② 食器や用具は，洗浄後，熱い湯を通し，布きんなどで拭く．
③ 布きんは洗浄し，消毒を行う．
④ 器具の不足や破損を点検する．
⑤ ガスの元栓，電源などを調べ，調理台や流しをきれいにし，用いた椅子などは所定の位置に戻す．
⑥ 実験結果を整理し，日付け，室温，水温，共同実験者名など記入もれがないかを確認する．
⑦ かたづけが終わったら，報告して退室の許可を得る．

1-2　当番の仕事

　実験を円滑に行うためには当番制をとり入れるとよいだろう．当番の仕事の一例を以下に示す．

(1) 実験前

・材料の分配や特別用具，実験器具，その他全体に関する準備を行う．

(2) 実験後

・特別に用意した用具，器具類の手入れ，数の点検および収納をする．
・示範台，準備台のあとかたづけ，床掃除など全体で使用した場所の掃除を行う．
・ゴミを捨てる．
・ガスのコック，元栓，水道の蛇口，電源の点検をする．
・その他実験室全体をよく見回して，あとかたづけができているかどうかを点検する．
・すべてが完了したら，報告して退室の許可を得る．

1-3　実験の記録

　実験の目的や課題には前もって目を通しておき，実際に行うことができる限られた実験から，多くの事が学びとれるようにしておくことが大切である．

　調理科学実験の場合，繰り返し行える実験であっても，すべてを同一条件で再び行うことは不可能で，その時その時の実験は1回だけしか行われない貴重なものである．実験の記録はできるだけその場で，ありのままを何でも書いておくように心がける．

　実験過程で何を観察し，どう記録にとどめるか，またその現象をいかに考察するかなど，この実験ノートを自分の体験や知識や考え方を十分盛り込んだ「生きたノート」にして欲しい．さらに，文献などを調べて検討を加えるなどの努力も，怠ってはならない．

　なお実験条件や結果（官能評価は自分だけのものではなく，班員の結果もすべて）は記録表中に記録し，考察や課題，自由研究などに用いた参考文献があれば明示する．記入しきれないものは，別紙に書いて貼り付けるなど工夫をしたいものである．

1-4　官能評価

(1) 意　義

　調理実験では，調理されたものが本当においしいか，好ましいものであるかを知る必要がある．このおいしさ，好ましさ，すなわち人間にとっていかなる状態であるかを判定する方法が，官能評価である．官能評価は，人間の五官を計器として行う測定方法で，他の

機器や化学的測定では代用できない．したがって，より適正に，そして科学的に行うことが重要である．

(2) 実施条件

官能検査を適正に行うために，以下のような諸条件について配慮する．
- **パネル（パネリスト）構成**：官能検査は，本来知覚が一定でなく，嗜好も画一でない人間を測定の主体とするため，信頼性の高い結果を得るには，ある程度の人数の，意識の高いパネルによるデータが必要である．したがって調理実験では，メンバーの各人がパネルとして参加し，他人の結果にとらわれずに判断することが大切である．
- **環　　境**：防音，恒温，照明，給水・排水などが整備されていることが望ましい．
- **試料供与**：試料の分量，温度，供試方法（位置効果，順序効果および記号効果の消去）や時刻に配慮する．

(3) 種　類

官能検査は，特性の試料間の差の有無を判定する「識別試験法」（正解がある場合）と，好ましさなどについて調べる「嗜好試験法」〔正解がない場合（嗜好を聞く場合だけではないので注意）〕とに大別できる．

本書では，以下のような手法を用いている．
- **2点比較法**：2種の試料を比較し，特性について該当するもの，または嗜好に合うものを選ぶ．2点識別試験法と2点嗜好試験法がある．2点識別試験法は客観的に差のある（正解がある）2種の試料について行う．
- **順　位　法**：n個の試料を比較し，特性の強弱や嗜好度について順位をつける．
- **風味側描法**：特性について，具体的に長所や欠点，特徴を記入する．

(4) 結果の解析

討議して結果をまとめる風味側描法を除いては，結果が統計上有意であるか否かを検定により判定する．2点比較法や順位法は，検定表により簡単に行うことができる（2点識別試験法と2点嗜好試験法では検定表が異なるので注意すること）．

2点比較法の場合，選ばれた回数が**表1**，**表2**の値以上であれば，2種の間に有意差があるとみなす．

順位法では，順位の和が**表3**の小さい方の値以下であれば有意に小，大きい方の値以上であれば有意に大とみなす．

(5) 官能検査の例

① 2点識別試験法
例）砂糖濃度の異なる寒天ゼリーの相違
〈方法〉　A，B砂糖濃度の異なる（例　A：10％，B：15％）寒天ゼリーを試食し，甘い方を選ぶ（パネリスト15名）．

〈結果〉

	選んだ人数(名)
A	3
B	12

〈解析〉 表1の繰り返し数15のところを見て,「寒天Bの方が,5％の危険率で有意に甘いと判定された」のように判断する.

② 2点嗜好試験法

例）米の浸漬の飯に及ぼす影響

〈方法〉 米を浸漬せずにすぐ炊いた場合と60分浸漬後炊いた場合のでき上がり状態を,つやおよび硬軟に関して比較し,好ましい方を選ぶ（パネリスト,20名）.

〈結果〉

	好ましいとした人数(名)	
	つや	硬軟
浸漬なし	6	2
浸漬60分	14	18

〈解析〉 表2の繰り返し数20のところを見て,「つやに関しては,浸漬60分の方が好まれている傾向があるが,有意差は認められなかった.硬軟に関しては,0.1％の危険率で有意に浸漬60分が好まれていた」のように判断する.

③ 順位法

例）クッキーの焦げ色と歯もろさ

〈方法〉 A,B,C,Dの4通りの材料配合で調製したクッキーの,焦げ色と歯もろさについて官能評価する.焦げ色の最も濃いもの,歯もろさの最も好ましいものを1として,順位をつける（パネリスト,5名）.

〈結果〉

パネリスト No.	焦げ色の各パネリストによる順位				歯もろさの各パネリストによる順位			
	A	B	C	D	A	B	C	D
1	1	2	3	4	2	4	1	3
2	2	1	4	3	3	4	2	1
3	1	2	3	4	4	2	1	3
4	1	3	2	4	2	4	1	3
5	1	2	3	4	4	3	2	1

〈解析〉 試料ごとにパネリストによる順位の和を出す.

	A	B	C	D
焦げ色	6	10	15	19
歯もろさ	15	17	7	11

表3の繰り返し数5,試料数4のところを見て,「焦げ色には1％の危険率で有意差が認められ,Aが最も濃く,Dが最も薄いと判定された.歯もろさでは,5％の危険率でCが最も好ましいことが明らかになった」のように判断する.

表1　2点識別試験法の検定表

繰り返し数	危険率 5%	1%	0.1%	繰り返し数	5%	1%	0.1%	繰り返し数	5%	1%	0.1%	繰り返し数	5%	1%	0.1%	繰り返し数	5%	1%	0.1%	繰り返し数	5%	1%	0.1%
1	—	—	—	16	12	14	15	31	21	23	25	46	30	32	34	72	44	47	50
2	—	—	—	17	13	14	16	32	22	24	26	47	30	32	35	74	45	48	51
3	—	—	—	18	13	15	16	33	22	24	26	48	31	33	36	76	46	49	52
4	—	—	—	19	14	15	17	34	23	25	27	49	31	34	36	78	47	50	54
5	5	—	—	20	15	16	18	35	23	25	27	50	32	34	37	80	48	51	55
6	6	—	—	21	15	17	18	36	24	26	28	52	33	35	38	82	49	52	56
7	7	7	—	22	16	17	19	37	24	27	29	54	34	36	39	84	51	54	57
8	7	8	—	23	16	18	20	38	25	27	29	56	35	38	40	86	52	55	58
9	8	9	—	24	17	19	20	39	26	28	30	58	36	39	42	88	53	56	59
10	9	10	10	25	18	19	21	40	26	28	31	60	37	40	43	90	54	57	61
11	9	10	11	26	18	20	22	41	27	29	31	62	38	41	44	92	55	58	62
12	10	11	12	27	19	20	22	42	27	29	32	64	40	42	45	94	56	59	63
13	10	12	13	28	19	21	23	43	28	30	32	66	41	43	46	96	57	60	64
14	11	12	13	29	20	22	24	44	28	31	33	68	42	45	48	98	58	61	65
15	12	13	14	30	20	22	24	45	29	31	34	70	43	46	49	100	59	63	66

表2　2点嗜好試験法の検定表

繰り返し数	危険率 5%	1%	0.1%	繰り返し数	5%	1%	0.1%	繰り返し数	5%	1%	0.1%	繰り返し数	5%	1%	0.1%	繰り返し数	5%	1%	0.1%	繰り返し数	5%	1%	0.1%
1	—	—	—	16	13	14	15	31	22	24	25	46	31	33	35	72	45	48	51
2	—	—	—	17	13	15	16	32	23	24	26	47	31	33	36	74	46	49	52
3	—	—	—	18	14	15	17	33	23	25	27	48	32	34	36	76	48	50	53
4	—	—	—	19	15	16	17	34	24	25	27	49	32	34	37	78	49	51	54
5	—	—	—	20	15	17	18	35	24	26	28	50	33	35	37	80	50	52	56
6	6	—	—	21	16	17	19	36	25	27	29	52	34	36	39	82	51	54	57
7	7	—	—	22	17	18	19	37	25	27	29	54	35	37	40	84	52	55	58
8	8	8	—	23	17	19	20	38	26	28	30	56	36	39	41	86	53	56	59
9	8	9	—	24	18	19	21	39	27	28	31	58	37	40	42	88	54	57	60
10	9	10	—	25	18	20	21	40	27	29	31	60	39	41	44	90	55	58	61
11	10	11	11	26	19	20	22	41	28	30	32	62	40	42	45	92	56	59	63
12	10	11	12	27	20	21	23	42	28	30	32	64	41	43	46	94	57	60	64
13	11	12	13	28	20	22	23	43	29	31	33	66	42	44	47	96	59	62	65
14	12	13	14	29	21	22	24	44	29	31	34	68	43	46	48	98	60	63	66
15	12	13	14	30	21	23	25	45	30	32	34	70	44	47	50	100	61	64	67

表3　クレーマーの検定表

（危険率5％）

繰り返し数	処理数または試料数										
	2	3	4	5	6	7	8	9	10	11	12
3				4—14	4—17	4—20	4—23	5—25	5—28	5—31	5—34
4		5—11	5—15	6—18	6—22	7—25	7—29	8—32	8—36	8—39	9—48
5		6—14	7—18	8—22	9—26	9—31	10—35	11—39	12—43	12—48	13—52
6	7—11	8—16	9—21	10—26	11—31	12—36	13—41	14—46	15—51	17—55	18—60
7	8—13	10—18	11—24	12—30	14—35	15—41	17—46	18—52	19—58	21—63	22—67
8	9—15	11—21	13—27	15—33	17—39	18—46	20—52	22—58	24—64	23—71	27—77
9	11—16	13—23	15—30	17—37	19—44	22—50	24—57	26—64	28—71	30—78	32—85
10	12—18	15—25	17—33	20—40	22—48	25—55	27—63	30—70	32—78	35—85	37—93
11	13—20	16—28	19—36	22—44	25—52	28—60	31—68	34—76	36—85	39—93	42—101
12	15—21	18—30	21—39	25—47	28—56	31—65	34—74	38—82	41—91	44—100	47—109
13	16—23	20—32	24—41	27—51	31—60	35—69	38—79	42—88	45—98	49—107	52—117
14	17—25	22—34	26—44	30—54	34—64	38—74	42—84	46—94	50—104	54—114	57—125
15	19—26	23—37	28—47	32—58	37—68	41—79	46—89	50—100	54—111	58—122	63—132
16	20—28	25—39	30—50	35—61	40—72	45—83	49—95	54—106	59—117	63—129	68—140
17	22—29	27—41	32—53	38—64	43—76	48—88	53—100	58—112	63—124	68—136	73—148
18	23—31	29—43	34—56	40—68	46—80	52—92	57—105	61—118	66—130	73—143	79—155
19	24—33	30—46	37—58	43—71	49—84	55—97	61—110	67—123	73—136	78—150	84—163
20	26—34	32—48	39—61	45—75	52—88	58—102	65—115	71—129	77—143	83—157	90—170

（危険率1％）

繰り返し数	処理数または試料数										
	2	3	4	5	6	7	8	9	10	11	12
3									4—29	4—32	4—35
4				5—19	5—23	5—27	6—50	6—34	6—38	6—42	7—45
5			6—19	7—23	7—28	8—32	8—37	9—41	9—46	10—50	10—55
6		7—17	8—22	9—27	9—33	10—38	11—43	12—48	13—53	13—59	14—64
7		8—20	10—25	11—31	12—37	13—43	11—49	15—55	16—61	17—67	18—73
8	9—15	10—22	11—29	13—35	14—41	16—48	17—55	19—61	23—68	21—75	23—81
9	10—17	12—24	13—32	15—39	17—46	19—53	21—60	22—68	24—75	26—82	27—90
10	11—19	13—27	15—35	18—42	20—50	22—58	24—66	26—74	28—82	30—90	32—98
11	12—21	15—29	17—38	20—46	22—55	25—63	27—72	30—80	32—89	34—98	37—106
12	14—22	16—32	19—41	22—50	25—59	28—68	31—77	33—87	36—96	39—105	42—114
13	15—24	18—34	21—44	25—53	28—62	31—73	34—83	37—93	40—103	43—113	46—123
14	16—26	20—36	24—46	27—57	31—67	34—78	38—88	41—99	45—109	48—120	51—131
15	18—27	22—38	26—49	30—60	34—71	37—83	41—94	45—105	49—116	53—127	56—139
16	19—29	23—41	28—52	32—64	36—76	41—87	45—99	49—111	53—123	57—135	62—146
17	20—31	25—43	30—55	35—67	39—80	44—92	49—104	53—117	58—129	62—142	67—154
18	22—32	27—45	32—58	37—71	42—84	47—97	52—110	57—123	62—136	67—149	72—162
19	23—34	29—47	34—61	40—74	45—88	50—102	56—115	61—129	67—142	72—156	77—170
20	24—36	30—50	36—64	42—75	48—92	54—106	60—120	65—135	71—149	77—163	82—178

〈備考〉　危険率とは，検定が間違った答を出す確率のことで，一般には，危険率5％以下のとき，その検定結果は信頼できるとみなされる．

2. 計量・計測に関する実験

> 目的：1. 調味料・食品の体積と重量の関係を知るとともに，計量器の正しい扱い方を知る．
> 2. 代替容器や食品の目安量を知る．
> 3. 日常使用する食品のpHを知る．

> 材料：小麦粉（薄力粉）400 g，砂糖 70 g，食塩 40 g，食酢 100 ml，酒 50 ml，うす口しょうゆ 100 ml，みりん 100 ml，ケチャップ 100 g，みそ 100 g，マヨネーズ 100 g，植物油 100 ml，ごま 50 g，かたくり粉 50 g，白米 300 g，トマトジュース 50 ml，卵白 2個分，牛乳 50 ml，レモン汁 50 ml，うま味調味料，蒸留水

> 器具：上皿ばかり，メスシリンダー（10, 50, 200 ml），pHメーター，pH試験紙全域，TB(thymol blue)，BPB(brom phenol blue)，MR(methyl red)，BTB(brom thymol blue)，CR(cresol red)，BCG(brom cresol green) 各7〜8枚，標準変色表1枚，ピンセット，ティッシュペーパー，計量カップ（200 ml），計量スプーン大（15 ml），小（5 ml），その他一般調理器具

2-1 食品の体積と重量

① **実験2-1記録表**に示した食品を，粉状のものは塊のない状態にし，それぞれの計量器に多めに入れ，すりきり器ですりきり，その重量を量る．

小麦粉についてはふるっていない粉，詰め込んだ粉，ふるった粉の3通りを計量する．ふるっていない粉を量るときは，粉をカップに多めに入れ，すきまなく入るようにカップの底面を4〜5回たたいてから，また詰め込んだ粉のときは，手で押しながらカップいっぱいに詰め込み，すりきってから量る．

みそ，ケチャップ，マヨネーズは，あらかじめ大さじの重さを量っておき，大さじに入れたまま量る．

注1）班の全員がすべての食品を1回ずつ量り，記録し，平均値を出す．
注2）計量器は，1回量るごとにティッシュペーパーで拭く．

② 食塩と砂糖について，標準値（砂糖大さじ1杯9 g，食塩小さじ1杯5 g）になるよう2〜3回繰り返して練習する．水をメスシリンダーあるいはメスピペットで5 ml，15 mlとって，各計量スプーンに入れ，小さじ1杯，大さじ1杯の入れ方を知る．

2-2 目安量

実験2-2記録表の代替容器に記されている量の水または食塩をとって，まず目測値を記録したのちに重量を量り，誤差率を算出して各自で感覚のずれの程度を知る．

$$誤差率(\%) = \frac{目測値 - 実測値}{実測値} \times 100$$

注1) 各容器すりきり入れること．
注2) 食塩1つまみは，5つまみ分を計量して5で割ったものを記入する．
注3) うま味調味料1振りは，10振り分を計量して10で割ったものを記入する．
注4) 実測値を目安量として覚えておき，利用するとよい．容器や指の大きさは各家庭，各個人で異なるので，自分のものを知っておくと便利である．
注5) 各容器の大きさ（直径，深さなど）も測定しておくとよい．

2-3 食品のpH測定

① 0.3～0.5幅pH試験紙[注]の小片をピンセットでつまみ，**実験2-3記録表**の食品につけ，すぐ引き上げ，その呈色を標準変色表と比較する．ただしみそは1 g/10 ml となるように水で溶解する．

 注) まず全域のpH試験紙で大体のpHを把握したのち，適当な試験紙で行う．
  TB：pH 1.2～2.8, 8.0～9.6   BPB：pH 3.0～4.6
  MR：pH 5.4～7.0   BCG：pH 4.0～5.6
  CR：pH 0.4～2.0, 7.2～8.8   BTB：pH 6.0～7.6

② ①のそれぞれの食品をpHメーターを用いて測定し，①と比較する．

〈参考〉 調理時の計量方法（重量，容量）

	計量器具と注意点		計量方法
重量	上皿自動ばかり （1 kg または 2 kg） 直示上皿天秤 デジタル式上皿自動ばかり	・安定した水平な台の上に置く． ・使用前にゼロ調節を行う． ・一定の範囲内の計量に使用する（秤量・感量）．	・重量既知の器に入れ，皿の中央に静かにおき，目盛りを正しく読みとり，器の重量を差し引く． ただし，風袋引き機能がある場合には，試料を入れる前に風袋引きを行う．
容量	計量カップ （200 ml または 500 ml，1 l） 計量スプーン （2.5 ml，5 ml，15 ml） 手近な器 （玉じゃく子，コップなど）	・見かけの体積（食品＋空気）なので，測定条件を揃える． ・計器の形によっても異なる．	・粉・粒状のものは塊のない状態にし，山盛りにしてへらですり切る． ・液状のものは，計器の縁いっぱいに満たす．

〈参考〉 調理時の計量方法（温度，時間）

	計量器具と注意点		計量方法
温度	アルコール温度計（100℃または200℃） 水銀温度計（200℃または300℃） 熱電対温度計 調理器具の温度指示計	・測定範囲を守る． ・水銀温度計の場合は，カバーなどのある安全なものを使う． ・感度をチェックしておく．	・混合して温度を均一にして，加熱容器に触れないように材料の中央で計測する．
時間	タイムスイッチ タイマー ストップウォッチ 時　計	・正確度，便利度に応じて使い分ける．	・測定開始と終了の状態を確認して計測する．

実験 2-1 記録表

実験日（　　年　　月　　日）天候（　　）室温（　　℃）
所要時間（　　：　　～　　：　　）
共同実験者・人数（氏名　　　　　　　　　　　：　　名）

食品の体積と重量

食　品		分　量	測定値（g）		平均値（g）
			本人	班員	
小麦粉	ふるわない	1カップ			
	詰め込む	1カップ			
	ふ る う	1カップ			
砂　糖		大さじ1			
食　塩		小さじ1			
水		大さじ1			
		小さじ1			
食　酢		大さじ1			
酒		大さじ1			
しょうゆ		大さじ1			
みりん		大さじ1			
ケチャップ		大さじ1			
み　そ		大さじ1			
マヨネーズ		大さじ1			
植物油		大さじ1			
ご　ま		大さじ1			
かたくり粉		大さじ1			
白　米		1カップ			

2．計量・計測に関する実験

考察

実験 2-2 記録表

実験日（　　　年　　月　　日）天候（　　）室温（　　℃）
所要時間（　　：　　～　　：　　）
共同実験者・人数（氏名　　　　　　　　　　　：　　名）

目 安 量

食品	代 替 容 器	目　測(g)	実　測(g)	誤差率(%)
水	汁椀1杯			
	玉じゃく子1杯			
	湯のみ茶碗1杯			
	紅茶（コーヒー）茶碗1杯			
	ティースプーン1杯			
	スープ用スプーン1杯			
食塩	2本指1つまみ			
	3本指1つまみ			
うま味調味料	1 振 り			

考察

実験2-3 記録表

実験日（　　年　月　日）天候（　）室温（　℃）
所要時間（　：　～　：　）
共同実験者・人数（氏名　　　　　　　　　：　名）

食品のpH

食　品	pH試験紙	pHメーター	食　品	pH試験紙	pHメーター
水 道 水	—		レモン汁		
蒸 留 水	—		トマトジュース		
卵　　白			うす口しょうゆ		
牛　　乳			酒		
食　　酢			みりん		
			みそ(1 g/10 m*l*)		

考　察

課題

1. **実験2-1**の砂糖，食塩，水，しょうゆ，みそについて班全員の測定値をグラフに表わし(縦軸に重量，横軸に食品)，測定誤差について考察しなさい．
2. **実験2-1記録表**に示した食品について，小さじ1杯，カップ1杯の目安量を調べなさい．また，**実験2-1記録表**以外の食品についても調べなさい．
3. 食品のpHと味との関係を考察しなさい．

3. 米の調理性に関する実験

目的：1. 米の吸水性には，品種，水温，浸漬時間などが影響することを理解する．
　　　　2. 米の吸水状況と炊飯状況を観察し，炊飯の原理を理解する．

材料：うるち米200 g（100 g＋100 g），もち米100 g，濃い口しょうゆ10 g

器具：メスシリンダー（200 ml）2，ビーカー（50 ml）10，ビーカー（300 ml）3，ビーカー（500 ml）1，セラミック金網3，温度計（100℃）1，ガラス棒5，はかり（小数点第2位まで測定可能なものが望ましい）1，ストップウォッチ1，さらし布きん7，厚地の布きん3，アルミホイル（ビーカーの蓋にする），竹串，その他一般調理器具

3-1　米の浸漬による吸水量

① うるち米100 g，もち米100 gをそれぞれメスシリンダーに入れ，菜箸で表面を平らにして（ゆすらないこと）容量を読みとる．

② ①の米を20 gずつ5組に分ける．そのうち1組をとり，50 mlのビーカーに入れてガラス棒で軽く撹拌（撹拌の回数や強さを統一すること）したのち，直ちに網じゃく子にとる．この洗米操作を3回繰り返す．次に，さらし布きんを2つ折りにした上に，洗米をとって軽く押さえながら米表面の付着水を除去し，洗米直後の重量を量る．

③ これをビーカーに移して40 mlの水を加え，10分浸漬後，②と同じ操作で米の重量を量る．残りの4組についても，②の方法で洗米したのち40 mlの水を入れたビーカー内に20，30，40，60分間浸漬したのち，同様に米の重量を量る．

④ 重量を測定した米は，300 mlのビーカー（重さを量り，下の括弧内に記入）に移し，水を加えて浸漬を続ける．最後の組の米を移したら，はかりの上にそのビーカーを置き，次の重さになるように水の量を調整する．

　　　もち米：すべての班：ビーカー（　　）g＋米100 g＋水90 g＝（　　）g
　　　うるち米：偶数班：ビーカー（　　）g＋米100 g＋水150 g＝（　　）g
　　　　　　　：奇数班：ビーカー（　　）g＋米100 g＋水140 g＋濃い口しょうゆ10 g＝（　　）g

⑤ アルミホイルを二重にしてビーカーに蓋をし，もち米は弱火で30分間加熱し，10分間蒸らす（乾燥した厚地の布きんでビーカー全体を包む）．うるち米は**3-2-④**と同様に

して加熱する．炊飯後，米飯の重量と容量[注]を量る．白米（うるち米）とこわ飯（もち米），白飯（うるち米）とさくら飯（しょうゆ入り米飯）の，つや（光沢），硬さ（硬度），粘り（粘性）について，2点嗜好試験法により官能評価する．

$$吸水率（\%）＝\frac{（浸漬後の米の重量）－（水洗前の米の重量）}{（水洗前の米の重量）}×100$$

注）ビーカーの米飯の表面を平らにし，最上部に印をつけておき，米飯をとり出したのちに水を印まで入れ，その水の容量をメスシリンダーで測定する．

3－2　ビーカー炊飯

① うるち米100 gを3－1－②に準じて手早く3回洗米し，万能こし器でよく水を切り，底をさらし布きんで軽く押えて水気をとり重量を量り，洗米による吸水率を算出する．

② 500 ml のビーカーに米を移し，米の乾燥重量の1.5倍の加水量になるように水を加え（計250 g），30分間浸漬する．

③ アルミホイルを二重にして蓋をし，中央に竹串で小さい穴を開け温度計を差し込む（蒸気が漏れないようにできるだけすきまを作らないこと）．コンロにセラミック金網を敷き，ビーカーをのせ，下記の条件で加熱する．

　　（注）沸騰までの時間，ビーカー内の米や水の変化，各経過時間後の温度変化を観察し，記録する．
　　ⓐ　強火：沸騰まで（ガス栓は，炎がビーカーの底面を覆う程度に調節する）
　　ⓑ　中火：表面の水がなくなるまで（ガス栓は，ふきこぼれない程度に調節する）
　　ⓒ　弱火：15分（ガス栓は，沸騰が続く程度に調節する）
　　ⓓ　強火：15秒（ビーカー底面に焦げができたときは省略する）
　　ⓔ　蒸らし：10分（乾燥した厚地の布きんで，ビーカー全体を包む）

④ 米飯の重量と容量を量り，次の値を算出して記録する．
　　　蒸発量＝(米と水の重量)－米飯重量
　　　蒸発率＝(蒸発量／水の重量)×100
　　　重量比＝米飯重量／米重量
　　　容量比＝米飯容量／米容量

実験3-1 記録表

実験日（　　年　月　日）天候（　　）室温（　　℃）
所要時間（　：　〜　：　）
共同実験者・人数（氏名　　　　　　　　　　　　　：　　名）

米の浸漬による吸水量測定　（水温：　　℃）

	100gの容量(a)	重量変化（吸水率）					
		水洗	10分	20分	30分	40分	60分
うるち米	ml	g（　%）	g（　%）	g（　%）	g（　%）	g（　%）	g（　%）
もち米	ml	g（　%）	g（　%）	g（　%）	g（　%）	g（　%）	g（　%）

加熱による変化

	加水量 g	米飯重量 (b) g	米飯容量 (c) ml	重量比 (b/100)	容量比 (c/a)	特徴
うるち米（白飯）	150					
もち米（こわ飯）	90					
うるち米（さくら飯）	140 しょうゆ10					

官能評価

	光沢	硬度	粘性	総合評価
うるち米（白飯）				
もち米（こわ飯）				
うるち米（白飯）				
うるち米（さくら飯）				

光沢，硬度，粘性などの好ましい方に○をつける

考察

実験 3-2 記録表

実験日（　　　年　　月　　日）天候（　　）室温（　　℃）
所要時間（　　：　　～　　：　　）
共同実験者・人数（氏名　　　　　　　　　　　　　　：　　名）

ビーカー炊飯（加熱中の米飯の温度変化と状態）

洗米による吸水量：米100g 洗米後の重量（　　）g, 吸水率（　　）%

	加熱前	沸騰まで（　　分）	表面の水がなくなるまで（　　）分	弱火 15分	強火（15秒）	蒸らし 10分
温度	℃	沸騰時　　℃	℃	℃	℃	℃
状態						

米と米飯の関係

米重量 g	ビーカーの重さ g	米+水 g	米飯重量 (b) g	米飯容量 (c) ml	蒸発量 g	蒸発率 %	重量比 (b/100)	容量比 (c/a)
100		250						

考察

課題

1. **実験3-1**の記録表をもとに，吸水曲線（縦軸を吸水率：％，横軸を時間：分とする）のグラフを書きなさい．
2. 吸水曲線のグラフを見て，うるち米ともち米の吸水特性の違いを述べなさい．
3. うるち米ともち米の調理性の違いを説明し，その理由を記入しなさい．

4. 小麦粉(1) グルテンとドウに関する実験

> **目的**：1. 小麦粉は水を加えてこねると粘弾性を生じ，さらに，こねたり，ねかしたりすることによって伸展性が増すことを知る．
> 2. 小麦粉は種類によってグルテンの量が異なることを確かめ，食塩の添加が生地（ドウ）に及ぼす影響を知る．
> 3. 砂糖や油脂の添加がドウに及ぼす影響を知る．

> **材料**：薄力粉 300 g（100 g＋50 g×4），強力粉 200 g（100 g×2），無塩バター 30 g，砂糖 15 g，食塩

> **器具**：はかり，メスシリンダー（10 ml，20 ml，50 ml）各1，ものさし，オーブン，布きん，駒込ピペット，アルミホイル，その他一般調理器具

4-1 小麦粉の種類と性質，グルテンの採取

① 3％食塩水を 50 ml 作っておく．
② 2種の小麦粉 100 g ずつをそれぞれボールに入れ，色目や粒度，手ざわりなどについて官能評価する．
③ それぞれに 50 ％の水（50 ml）を加えて，まとまる程度にざっとこね，棒状にして両手で引っ張り，伸び具合を見る．直径約 2 cm，長さ 20 cm にして横に引っ張り，ちぎれたときの全長を測って最初の長さを差し引く．引っ張ったときの手に感じる抵抗や切れやすさも記録する．並行して強力粉 100 g に食塩水 50 ml を加えて，同様に操作する．
④ さらに 50 回こね，③と同様に引っ張り，伸び具合を比較し，伸びた長さを測る．
⑤ ぬれ布きんをかけて 30 分間ねかしたのち，④と同様に伸び具合を比較する．
⑥ 3種のドウをさらによくこねて，それぞれ重量を量って2等分し，一方は厚さ 2 mm に伸ばして 5 mm 前後の細切りにし，十分な量の沸騰水中で 10 分間ゆでてこしの強さ，なめらかさ，好ましさについて，順位法により官能評価する．
⑦ 残りの半分は，10 分間水につける．布きんを敷いたボールの中でドウを静かにこねながら，丸めるようにして水ででんぷんを洗い出す．白い水が出なくなったら，手で残ったガム状のもの（グルテン）をまとめてできるだけ水分を切る．それぞれのグルテンの弾力や色を比較する．水分をよく切って湿麩量（a）を量り，湿麩率（％）を求める．

⑧ 食塩を添加しない2種の湿麩については，それぞれ5gずつとり，丸めて，あらかじめ重量を量っておいたアルミホイルの上に置いて150℃のオーブンに入れ，約20分間ふくらみ具合を観察しながら焼いて乾燥させる．それぞれの乾麩量(b)を量り，乾麩率(%)を求めたのち，膨張したグルテンを中央から切って内部の膨化の状態を観察し，比較する．

　　注1) 3種のドウのこね方（回数，力加減）が，同じになるように配慮する．
　　注2) ゆでるときには，できるだけ同条件で行う．
　　注3) 余った湿麩は，小さくちぎり甘からく煮つけて食べるとよい．

4-2　小麦粉調理における水，砂糖，油脂の役割

① 次のA～Dのドウを作る．

　A：薄力粉(50g)　　　よくこねる　　＝　基本ドウ
　　　水　　(25g)

　B：薄力粉(50g)　　　よくこねる　──バター15g──→　よくこねる
　　　水　　(25g)

　C：薄力粉(50g)　　　手でもみながら　──水(c g)──────→　基本ドウと同じ軟ら
　　　バター(15g)　　　混ぜる　　　　　こねながら少しずつ加える　かさにする

　D：薄力粉(50g)　　　混ぜる　　　　　──水(d g)──────→　基本ドウと同じ軟ら
　　　砂糖　 (15g)　　　　　　　　　　こねながら少しずつ加える　かさにする

② 次式により，バターの水換算率を算出する．

$$\text{バターの水換算率}(\%) = \frac{\text{基本ドウに使用した水量}(25) - \text{使用した水量}(c)}{\text{使用したバター量}(15)} \times 100$$

③ 次式により，砂糖の水換算率を算出する．

$$\text{砂糖の水換算率}(\%) = \frac{\text{基本ドウに使用した水量}(25) - \text{使用した水量}(d)}{\text{使用した砂糖量}(15)} \times 100$$

④ ①のそれぞれのドウを2等分し，一方は4-1-⑦と同様にして湿麩量を計量する．

⑤ もう一方のドウは，厚さ5mmに伸ばし，4種を異なる型で抜いてフォークで穴をあけ，天板にランダムに並べる．180℃のオーブンで15～30分間焼いて，焦げ色や歯もろさについて順位法により官能評価する．さらに添加材料や添加順序の違いについて比較し，グルテン形成や製品のできに及ぼす影響を考察する．

〈参考〉　小麦粉の種類と用途

種　類	たんぱく質含有率	湿麩率	用　途
強力粉	11～13%	35%以上	パン，マカロニ
中力粉	約10%	25～35%	めん類
薄力粉	8%内外	25%以下	菓子，天ぷらの衣

湿麩量は，水を吸収したグルテンの量であるから，たんぱく質の多いものは湿麩量も多い．

(山崎清子，島田キミエ：調理と理論．同文書院，1988．)

〈参考〉 小麦粉と水の割合

小麦粉：水	生地の状態	調 理 例
100： 50〜60	手でこねられるドウの硬さ	パン，ドーナツ，クッキー，まんじゅうの皮
100： 65〜100	手ではこねられないが，流れない硬さ	ロックケーキ
100：130〜160	ぽてぽてしているが，流れる硬さ	ホットケーキ，パウンドケーキ，カップケーキ
100：160〜200	つらなって流れる硬さ	天ぷらの衣，スポンジケーキ，さくらもちの皮
100：200〜400	さらさら流れる硬さ	クレープ，お好み焼

（渋川祥子：調理科学．同文書院，1985．）

メ モ

4．小麦粉(1) グルテンとドウに関する実験　29

実験 4-1-1 記録表

実験日（　　　年　　月　　日）天候（　　）室温（　　℃）
所要時間（　　：　　〜　　：　　）
共同実験者・人数（氏名　　　　　　　　　　　　　：　　名）

小麦粉の種類と性質，グルテンの採取

（水温：　　℃）

		薄力粉	強力粉	強力粉＋食塩
官能評価	色			
	手ざわり			
	その他			
伸びの程度	ざっとこねる			
	50回こねる	(cm)	(cm)	(cm)
	30分間ねかす	(cm)	(cm)	(cm)
湿麩	弾力			
	色			
	a 湿麩量(g)			
	湿麩率 a/50×100(%)			
乾麩	b 乾麩量(g)			
	乾麩率 a/50×b/5×100(%)			
	ふくれ具合			
	膨化の状態			

考察

実験4-1-2 記録表

実験日（　　　年　月　日）天候（　　）室温（　　℃）
所要時間（　　：　　～　　：　　）
共同実験者・人数（氏名　　　　　　　　　　　　　：　　名）

ゆで麺の官能評価

	こしの強さ	なめらかさ	総合評価
薄力粉			
強力粉（無添加）			
強力粉（食塩添加）			

最もこしの強いもの，なめらかなもの，好ましいものを1として，順位をつける．

考察

実験4-2 記録表

実験日（　　　年　月　日）天候（　　）室温（　　℃）
所要時間（　　：　　～　　：　　）
共同実験者・人数（氏名　　　　　　　　　　　　　：　　名）

小麦粉調理における水，砂糖，油脂の役割

バターの水換算率：（　　　）%，砂糖の水換算率（　　　）%

		A	B	C	D
	薄力粉(g)	50	50	50	50
	水（g）	25	25	c	d
	バター(g)	―	15	15	―
	砂糖（g）	―	―	―	15
湿麩	a 湿麩量(g)				
	a/25×100(%)				
官能評価	焦げ色				
	歯もろさ				
	その他（特記事項）				

最も焦げ色の濃いもの，歯もろいものを1として，順位をつける．

考察

課題

1．強力粉と薄力粉の違いを明確にし，まとめなさい．
2．ドウをこねたり，ねかしたりする効果について考え，まとめなさい．
3．食塩や砂糖，バターなどの添加がドウに及ぼす影響について記しなさい．

5. 小麦粉 (2) 膨化剤に関する実験

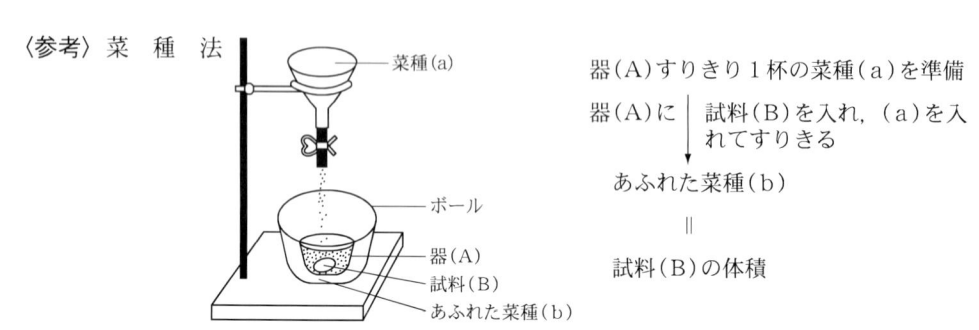

目的：1. 膨化剤〔ベーキングパウダー (B.P.)，イースト〕の，ガス発生機構を理解する．
2. 膨化剤の適切な用い方を考える．

材料：重曹 2.6 g (0.5 g×4, 0.3 g×2)，酒石酸 0.5 g，焼きみょうばん 0.5 g，B.P.(古) 2 g，B.P.(新) 3.2 g (2 g+1.2 g)，食酢 8.0 ml (0.5 ml+7.5 ml)，ヨウ素液 (ヨードのヨードカリ溶液)*，薄力粉 120 g (30 g×4)，ドライイースト 2 g，砂糖 4 g，強力粉 70 g，食塩 1 g，植物油，ごま（または菜種，米）

*少量の水にヨードカリウム 2 g とヨード 1 g を溶かして 100 ml にメスアップする．褐色びんに貯え，5倍に希釈して使用する．

器具：はかり，試験管 7，ビーカー (500 ml) 1，セラミック金網，試験管立て 1，ボール（大，小），メスシリンダー (20 ml) 1，中華せいろ（蒸し器），温度計，菜箸，ストップウォッチ，スタンプ，薬包紙，ロート，ロート台，その他一般調理器具

5-1 膨化剤と CO_2 の発生状態

① 試験管の中に**実験 5-1 記録表**のA～Fを入れ，振り混ぜながら常温で発泡状態を観察する．
② 500 ml のビーカーに半分くらい水を入れ，沸騰したら蒸留水 5 ml を入れた試験管をコントロールとして，A～Fの順に試験管を湯せんで加熱し，経時的な変化を観察する．
③ 試験管の液が冷めてから，ヨウ素液を 1，2 滴ずつ加えて色の変化を見る．

注）A～Fともに液状のもの（蒸留水や食酢）に，粉状のもの（重曹や B.P.）を加えて静かに振って，液の状態を観察する．

〈参考〉菜 種 法

器(A)すりきり1杯の菜種(a)を準備
器(A)に │ 試料(B)を入れ，(a)を入
　　　　 ↓ れてすりきる
あふれた菜種(b)
　　　‖
試料(B)の体積

5-2 ベーキングパウダーによる膨化

① A) 小ボールに薄力粉 30 g と重曹 0.3 g を加えて混ぜ，粉の 60% の水 18 g を加えてざっと混ぜる．これを，なめらかになるように丸めて，植物油をぬった薬包紙（3 cm角）の上に置く．
   B) 薄力粉 30 g と重曹 0.3 g を加えて混ぜ，食酢 7.5 g と水 10.5 g を加えて，A) と同様にする．
   C) 薄力粉 30 g と B.P. 1.2 g を混ぜ，水 18 g を加えて，A) と同様にする．
② A)～C) をせいろ（蒸し器）に並べ，蒸気が上がったところにのせて蒸す（強火 8 分間）．
③ せいろ（蒸し器）から出して冷まし，菜種法で体積を測定後，それぞれを包丁で 2 等分する．
④ それぞれの一方は，スタンプ法による組織の観察をする．もう一方を食べて，におい，口当たり，味などの特徴を記入するとともに，順位法により官能評価する．
   注）①の場合は，水を加えてざっと混ぜるまでは菜箸を用いる．こね加減や丸め終わるのが同時になるよう配慮して，すぐ蒸せるように準備しておく．

5-3 イーストによる膨化とガス抜きの効果

① ボールに 40°C の温湯 60 g を入れ，ドライイースト（2 g），砂糖（4 g）を混ぜ，小麦粉（強力粉 70 g＋薄力粉 30 g）と食塩（1 g）も加えて十分こねる．さらにたたいて生地を引きしめ，なめらかな生地にする．
② 生地の重量を量り，2 等分して丸め，表面にかたく絞ったぬれ布きんをかけて乾きを防ぐようにして調理盆に置き，約 2 倍の大きさになるまで，30°C 前後の温かい所に約 30 分間放置する（第 1 次発酵）．
③ 一方はガス抜きをしてこね直し，丸めて室温で 10～15 分間放置する（第 2 次発酵）．もう一方は，ガス抜きせずにそのまま 10～15 分間放置する．
④ 蒸気の上がったせいろ（蒸し器）に入れて，15 分間蒸す．
⑤ せいろ（蒸し器）から出して放冷し，外観の観察を行い，菜種法により体積を測定したのち，それぞれを包丁で 2 等分する．
⑥ それぞれについて，切り口を観察し，においと口当たりについて官能評価する．

実験 5-1 記録表

実験日（　　年　月　日）天候（　）室温（　℃）
所要時間（　：　～　：　）
共同実験者・人数（氏名　　　　　　　　　　：　名）

膨化剤と CO_2 の発生状態　　（水温：　℃）

	A	B	C	D	E	F
	重曹0.5g 水5mℓ	重曹0.5g 酒石酸0.5g 水5mℓ	重曹0.5g 焼きみょうばん0.5g 水5mℓ	重曹0.5g 食酢0.5mℓ 水4.5mℓ	B.P.(古)2g 水5mℓ	B.P.(新)2g 水5mℓ
常温における発泡状態						
加熱中発泡状態　30秒						
加熱中発泡状態　1分						
加熱中発泡状態　1分30秒						
加熱中発泡状態　3分						
加熱中発泡状態　5分						
ヨード反応						
特　徴						

考　察

実験 5-2 記録表

実験日（　　年　月　日）天候（　）室温（　℃）
所要時間（　：　～　：　）
共同実験者・人数（氏名　　　　　　　　　　　：　名）

B. P. による膨化

		A	B	C
		薄力粉30 g, 重曹0.3 g 水18 g	薄力粉30 g, 重曹0.3 g 酢7.5 g　　水10.5 g	薄力粉30 g, B.P.1.2 g 水18 g
外観	膨化の状態 形　状 色 き　め			
	体積（cm^3）			
切り口	形　状 すだちの様子 スタンプ法 による図※1			
官能評価	に お い			
	口当たり			
	味			
	総合評価			
	総合順位※2			

※1 切り口のスタンプは別紙に押して，添付する．
※2 総合的にみて最も好ましいと思われるものを1として，順位をつける．

考察

実験 5-3 記録表

実験日（　　　年　月　日）天候（　）室温（　℃）
所要時間（　：　～　：　）
共同実験者・人数（氏名　　　　　　　　　：　名）

イーストによる膨化とガス抜きの効果

		ガス抜きしないもの	ガス抜きしたもの
外観	形状 きめ		
	体積（cm³）		
切り口	形状 すだちの様子 スタンプ法による図※1		
官能評価	におい 口当たり		
	総合評価		
	総合順位※1		

※1　切り口のスタンプは別紙に押して，添付する．
※2　総合的にみて最も好ましいと思われるものを1として，順位をつける．

考察

〈参考〉 B.P. の組成と CO_2 の発生

重曹と各種酸性剤との反応式

1. 酒石酸

$$2NaHCO_3 + \begin{array}{l}CHOH \cdot COOH \\ | \\ CHOH \cdot COOH\end{array} \xrightarrow{水} \begin{array}{l}CHOH \cdot COONa \\ | \\ CHOH \cdot COONa\end{array} + 2H_2O + 2CO_2$$

2. りん酸一カルシウム（第一りん酸カルシウム）

$$2NaHCO_3 + Ca(H_2PO_4)_2 \xrightarrow{水} CaHPO_4 + Na_2HPO_4 + 2H_2O + 2CO_2$$

3. りん酸二水素ナトリウム

$$NaHCO_3 + NaH_2PO_4 \longrightarrow Na_2HPO_4 + H_2O + CO_2$$

4. 酒石英（酒石酸水素カリウム）

$$NaHCO_3 + \begin{array}{l}CHOH \cdot COOH \\ | \\ CHOH \cdot COOK\end{array} \xrightarrow{水} \begin{array}{l}CHOH \cdot COONa \\ | \\ CHOH \cdot COOK\end{array} + H_2O + CO_2$$

5. 焼きみょうばん（硫酸アルミニウムカリウム）

$$6NaHCO_3 + Al_2(SO_4)_3K_2SO_4 \xrightarrow{水} 2Al(OH)_3 + K_2SO_4 + 3Na_2SO_4 + 6CO_2$$

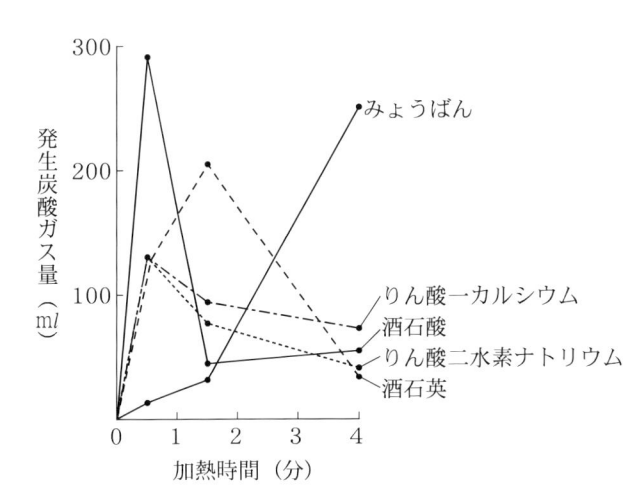

各種酸性剤による CO_2 の発生状態

注）実験の加熱温度は 1 分30℃，1.5 分50℃，4 分85℃に調節されている．この温度は，粉と水の割合が 1：1 の生地の蒸し加熱調理の内部温度に合わせたものである．

（松元文子他：新版調理学．光生館，1979．）

市販 B.P. の表示成分

表示成分		種類	国産品 (A)	(B)	(C)	輸入品 (D)
重曹			30	25	40	成分表示なし
酸性剤	速効性グループ	酒石酸	0	0	10	
		りん酸一カルシウム	15	40	0	
		りん酸二水素ナトリウム	0	0	0	
	中間性	酒石英	6	0	10	
	遅効性	みょうばん	15	10	40	
緩和剤		でんぷん	34	25	0	

（板橋他：家政誌．13：233，1962．）

課題

1. 膨化剤のガス発生機構をまとめなさい．
2. B.P. による膨化調理と，イーストによる膨化調理の要領をまとめなさい．

6. いもおよびでんぷんの調理性に関する実験

目的：1. マッシュポテトの調理要領を知る．
　　　　2. 各種でんぷんでゾルとゲルを作り，その特徴を知る．

材料：じゃがいも（男爵）800 g，じゃがいもでんぷん（かたくり粉）70 g（10 g＋20 g＋40 g），くずでんぷん（くず粉）50 g（20 g＋30 g），とうもろこしでんぷん（コーンスターチ）20 g，砂糖 200 g（40 g×5），ヨウ素液，食塩 0.8 g

器具：顕微鏡，スライドグラス 4，カバーグラス 4，はかり，ものさし，温度計（100℃），ストップウォッチ，メスシリンダー（100 ml）4，プリン型 5，ナイフ 5，皿，小皿 5，金串，鍋（直径 18 cm），木のへら（しゃもじ），輪ゴム，裏ごし器，その他一般調理器具

6-1　マッシュポテトの裏ごし温度の違いによる比較

① じゃがいもの皮を剝き，一切れ 30 g 程度の角切り 20 個を 5 分間水に浸漬する．鍋に，いもの重量の 3 倍の水を加えて火にかけ，沸騰後，中～弱火で 25 分間（適度なゆで加減に）ゆでる．

② ゆでいも 15 個をとり出し，残りはそのまま煮崩れるまで（過度なゆで加減まで）加熱を続ける．

③ ②の 15 個のゆでいもを，3 つのグループに 5 個ずつ等分する〔ゆで上げ直後のいも(A)，室温まで冷ましたいも(B)，じゃがいももち(C)〕．

④ (A)は，ゆで上げ直後にすばやく裏ごしする．

⑤ (B)は，室温まで冷ましてから（約 20 分程度）裏ごしする．

⑥ (C)は，室温まで冷ましてからすり鉢に移し，粘りがでてなめらかになるまですりつぶす．粘りがでたら，いも重量の約 0.5％の食塩を加えて調味し，水でぬらした手で丸く形を整える．

⑦ 煮崩れるまで加熱したいも(D)は，室温まで冷ましてから裏ごしをする．

⑧ (A)，(B)，(D)は，こすときの手ごたえ，操作のしやすさ，いもの色と粘り，食感と味を比較する．(C)は，でき上がりの状態を観察したのち食味し，もちの色と粘り，食感と味を比較する．

⑨ 各裏ごしいもを少量ずつスライドグラスにのせ，少量の蒸溜水とヨウ素液をかけてカ

バーグラスを被せて顕微鏡で細胞の形状，でんぷんの状態を観察する．裏ごしいもは，塊のままでは観察できないので，なるべく分散させるように気をつける．

⑩ また，各裏ごしいも20gを蒸溜水80mlに懸濁する．100ml容メスシリンダーに移して静置し，10，20，30分後の沈殿の体積を測る．上澄みに，ヨウ素液を加えて呈色の程度を比較する（細胞の破壊が大きく，でんぷんの溶出が多いものほど濃く呈色する）．

6-2　各種でんぷんの糊化とゲル化の状態

① 鍋に**実験6-2記録表**の各でんぷんと砂糖を入れ，水200gを加えて，よくかき混ぜる．
② 鍋を火にかけ，図1のように温度計を輪ゴムで固定した木のへらでかき混ぜながら，一定の火力（中火）で加熱を行う（電熱器を使用する場合は600W）．

図1
- 温度計
- 輪ゴム
- しゃもじ
- 0.5cm

図2　糊化でんぷんの状態の観察例
ばれいしょでんぷん　　とうもろこしでんぷん

③ 透明になり，粘りがでてきたときの温度（糊化温度）と経過時間（糊化時間）を記録する．
④ さらに加熱を継続し，85℃になったら火からおろし，水でぬらしたプリン型に入れ，水でぬらしたナイフで表面を平らにする．水槽（20℃）で1時間冷却し凝固させる（ゲルの状態）．
⑤ 残りは，小皿に流し入れ，表面を平らにして40〜50℃まで冷まし，ナイフの片面をあて，静かに持ち上げてナイフ面に付着した状態を観察する（図2）．まだ流動性が残っている（ゾルの状態）かどうかの観察を行う．
⑥ ④のプリン型に入れた糊化でんぷんのゲルは，図3の方法で歪み率（％）を算出する．舌ざわり，おいしさの総合評価について記録表に記入する．ゲル特性については，図4の評価尺度を基準として図5に評点をプロットする．

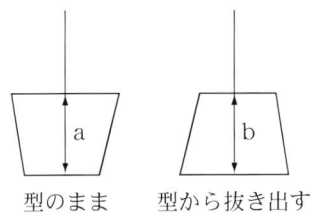

型のまま　　型から抜き出す

プリン型に入ったでんぷんゲルの中心部に金串をさして，高さを測る（a）．型から抜き出して1分後に，ゲルの高さを測る（b）．次の式による歪み率を計算する（やわらかくて歪みやすいものは，値が大きくなる）．

$$歪み率(\%) = \frac{a-b}{a} \times 100$$

図3　歪み率の算出方法

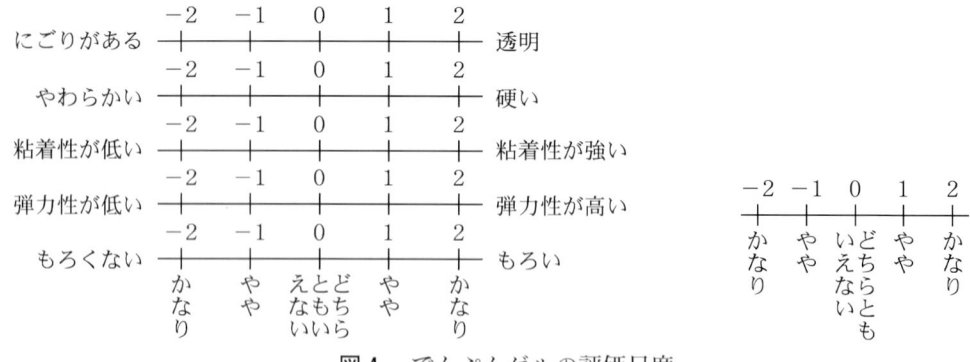

	−2	−1	0	1	2	
にごりがある	├	┼	┼	┼	┤	透明
やわらかい	├	┼	┼	┼	┤	硬い
粘着性が低い	├	┼	┼	┼	┤	粘着性が強い
弾力性が低い	├	┼	┼	┼	┤	弾力性が高い
もろくない	├	┼	┼	┼	┤	もろい

かなり／やや／えとどなもちいらら／やや／かなり

−2	−1	0	1	2
かなり	やや	いどちらともえない	やや	かなり

図4　でんぷんゲルの評価尺度

破断強度（ゲル強度）試験：山電㈱クリープメータ（RE 2-33005 S）を用いた測定例

① 上記実験で使用したプリン型の上部まで糊化でんぷんを流し込み，表面が平らになるようにゲルを調製する．

② ロードセル20（N）を用い，プランジャー（直径20 mm 治具 No.56）で上部から試料高さの50％まで圧縮し，部分破断されたときの歪み（％），荷重（N）を測定する〔測定スピードは1 mm/sec，データ格納ピッチは，0.1（sec）〕．

③ でんぷんゲルのように軟らかい試料を容器に入れたまま測定する場合のプランジャーは，試料面積に対するプランジャーの接触面積比率が小さい方が測定の誤差は少ない．

④ 硬いものは，破断荷重（N）が大きく，軟らかいものは破断歪み（％）が大きい値となる．詳しい解析については，下記の図5を参考にする．

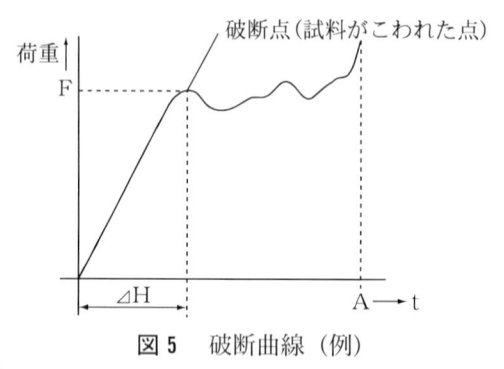

図5　破断曲線（例）

〈破断曲線の解析〉

①破断荷重 F（N）：破断点（試料が破断した点）の荷重値（試料がこわれたときにかかった力）

②破断応力：破断荷重の単位面積当たりの力

$$破断応力 = \frac{F}{S \times 10^{-6}} \ (Pa \ または \ N/m^2) = \frac{破断荷重：F}{接触面積（mm^2）}$$

③破断変形 ΔH（mm）：破断点の変形距離（破断点でどれだけ（例）変形したか，どれだけ高さが低くなったか）

④破断歪み率：試料の元の高さに対する破断変形の比率

$$破断歪み率 = \frac{\Delta H \times 100}{H} \ (\%)$$

H：試料の高さ（mm）

ΔH＝破断変形（mm）

実験6-1 記録表

実験日（　　　年　　月　　日）天候（　　）室温（　　℃）
所要時間（　　：　　～　　：　　）
共同実験者・人数（氏名　　　　　　　　　　　　　　：　　名）

マッシュポテトの裏ごし温度の違いによる比較

サンプル	A	B	C	D
ゆで加減	適当な硬さのゆでいも			煮崩れいも
観察事項＼裏ごす時期	直後	室温	室温	室温
裏ごしたときの手ごたえ				
操作のしやすさ				
色				
粘り				
食感				
顕微鏡による観察（図示）（倍率）	（　）	（　）	（　）	（　）
でんぷんの沈殿 上澄み液の状態（にごり・呈色の程度）				
沈殿の体積（ml）	10分後 20分後 30分後	10分後 20分後 30分後	10分後 20分後 30分後	10分後 20分後 30分後

考察

実験 6-2 記録表

実験日（　　年　月　日）天候（　）室温（　℃）
所要時間（　：　～　：　）
共同実験者・人数（氏名　　　　　　　　　　：　名）

各種でんぷんの糊化とゲル化の状態

観察事項	サンプル	A	B	C	D	E
	でんぷんの種類	じゃがいも 20g	くず 20g	とうもろこし 20g	じゃがいも 40g	くず 30g じゃがいも 5g
	副材料	砂糖 20g				
糊化時間						
糊化でんぷん（ゾル）	付着					
	伸び					
	色					
	透明度					
	その他の状態					
でんぷんゲル	固まり具合（状態）					
	歪み率（％）					
	舌ざわり					
	総合評価*（好ましさの順位）					

＊ 総合評価…食味の結果，最も好ましかったものを1として順位をつける．

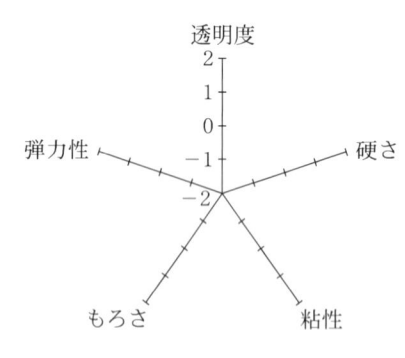

図5　ゲル特性の比較
図4の評価尺度を基準として，各でんぷんゲルごとに色を変えて評点をプロットする．その結果からでんぷんゲルの特徴を比較する．

考察

課題

1. 実験結果から，マッシュポテトや粉ふきいもの調理要領を導きなさい．
2. くず桜を作る場合，あんを包みやすい条件と各種でんぷんの性質を考え，どのようなでんぷんをどのような濃度で用いるのがよいか考察しなさい．
3. でんぷんを利用した調理には，どのようなものがあるか．使用でんぷんの種類と濃度および使用効果について調べ，まとめなさい．

7. 砂糖の調理性に関する実験

目的：
1. 砂糖液を加熱し，温度上昇に伴う性状の変化を調べる．
2. 砂糖液の加熱温度と濃度，比重との関係を調べる．
3. 濃厚な砂糖液をかき混ぜてショ糖を再結晶させ，フォンダン，糖衣の要領を知る．
4. 高濃度の砂糖液を分解させて，あめ，抜絲(バアス)の要領を知る．
5. 砂糖液を高温度にし，程よい香りと焦げ色をつけたカラメルの要領を知る．

材料：砂糖（グラニュー糖）530 g（100 g，50 g×5，50 g×2，50 g，30 g），ピーナッツ100 g，起泡卵白10 g（または卵白約10 g），食酢5 g，ラード10 g

器具：温度計（200°C）2，ビーカー（500 ml，200 ml）各1，セラミック金網，顕微鏡，スライドグラス5，カバーグラス5，ストップウォッチ，はかり，小皿，大皿，小鍋，木べら，シリンダー（50 ml），その他一般調理器具

7-1 砂糖液の加熱による変化

500 mlのビーカーに砂糖100 gと水50 gを入れて，セラミック金網を敷いた上で静かに加熱し，**実験6-1記録表**の温度ごとに砂糖液の泡立ち，香りを見て，温度計の先から1滴を水中に落とし(a)，さらに1滴を大皿に順にとり(b)，次の観察をする．

a：水中での固まり方，糸の引き方を見て，固まったものはただちにとり出して指でつまんで軟らかさを比較する(水中テスト)．

b：流れやすさと固まり方，硬さと焦げ色の程度を比較し，3日後に結晶の出方を観察する．

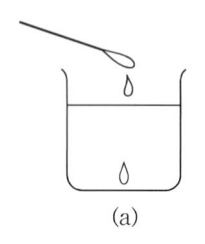

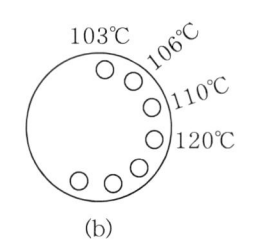

7-2　シロップ

① 200 mlのビーカーに砂糖30 gと水40 gを加えて，セラミック金網上で静かに加熱し，温度上昇を確かめながら50 gに煮つめ*，このときの温度と粘りを記録する．
② 室温で冷まし冷めたとき(温度を記録する)の，粘りの変化を観察する．
③ このシロップの砂糖濃度を算出する．
④ このシロップの体積を測定し，比重を算出する．

*初めに，ビーカー＋温度計(＋耐熱容器)の重さを量っておく．熱いので，はかりに耐熱容器を置き，手早く量る．
*シロップに，りんごやみかん，パイナップルなどを浮かせて状態を見るとよい．

7-3　フォンダン(すり蜜)，糖衣

① 小鍋に砂糖50 gと水25 gを入れ，弱火で加熱し，106℃になったら(できれば，手早く重さを計量して砂糖濃度を求める)すぐにへらでかき混ぜ，白くにごり始めたとき(a)と，さらに，かき混ぜてとろりとした感じになるまでの時間(b)を計り，それぞれの時点で少量を皿にとり，固まった状態のフォンダンについて，軟らかさ，つや，きめ，舌ざわりなどを見る．
② 同様にして106℃の砂糖液を作り，40℃に冷ましてからかき混ぜ，できたフォンダンについて，軟らかさ，つや，きめ，舌ざわりなどを①と比較する．
③ 加熱温度112℃の砂糖液を①と同様にし，できたフォンダンについて，軟らかさ，つや，きめ，舌ざわりなどを①と比較する．
④ 加熱温度112℃の砂糖液を70℃まで冷まして，起泡卵白10 gを加えてかき混ぜ，起泡卵白混合フォンダンを作り③と比較する．
⑤ 同様に115～117℃まで加熱し，ピーナッツを入れて火からおろし，手早くかき混ぜながら冷ます．
⑥ それぞれのフォンダンを少量ずつスライドグラスにのせ，顕微鏡で観察する．

*①～④については，小鍋のかわりにビーカー200 mlを用い金網上で加熱し，所定の温度で加温したボールに移してもよい．

7-4　あめ，抜絲(糸引き)

① 小鍋に砂糖50 gと水20 gと食酢5 gを入れ，弱火で140～150℃で加熱し，火からおろして少量を皿にとる．鍋に残った糖液は，冷めると糸を引くので，その温度を測定し，箸2本に糸をまきつけながら抜絲の要領を会得する．
② 皿にとり分けたものは，冷えると透明な状態で固まり，あめになることを確かめる．これを3日間放置して，透明度が変化するかどうかを観察する．

③ 同様にラード10gと砂糖50gを入れて火にかけ，砂糖が完全に溶けたときの温度を計り，火からおろして①②と比較する．

7-5　カラメル

小鍋に砂糖50gと水25gを入れ静かに加熱し，**実験6-1**の結果を参考にして，香ばしい香りとカラメルとして最適と思う焦げ色に達する温度（170〜190℃）まで加熱し，すぐに少量の湯を加えて溶かしカラメルソースにする（火からおろしても余熱で温度は上昇するので，すぐに温度を下げる必要がある）．

メ　モ

実験 7-1 記録表

実験日（　　　年　　月　　日）天候（　　）室温（　　℃）
所要時間（　：　～　：　）
共同実験者・人数（氏名　　　　　　　　　　　　　　：　　名）

砂糖液の加熱による変化

温度(℃)	砂糖溶液の状態	水中テスト(a)	色・硬さ・結晶の状態(b)	3日後の結晶の状態(b)
103				
106				
110				
120				
130				
140				
150				
160				
170				
180				

考察

〈参考〉　砂糖溶液の沸騰点

砂　糖　(％)	10	20	30	40	50	60	70	80	90.8
沸　騰　点　(℃)	100.4	100.6	101.0	101.5	102.0	103.0	106.5	112.0	130.0

実験 7-2 記録表

実験日（　　　年　月　日）天候（　）室温（　℃）
所要時間（　：　～　：　）
共同実験者・人数（氏名　　　　　　　　：　名）

シロップ

観察事項＼観察時点	加熱前	50gになったとき	冷めたとき
温　度			
状　態（粘りなど）			
砂糖濃度			
体　積			
比　重			

考察

〈参考〉　砂糖の種類と用途

分類	品　名		糖度(%)	利　用	特　徴
含蜜糖	黒砂糖		80.7	・かりん糖などの駄菓子 ・白砂糖に混入し，あくを利用して特殊な風味をもたせる（ようかん，みつ）	・夾雑物のため特殊な甘味がある ・吸湿性あり
分蜜糖	ざらめ糖	白ざら	99.9	・清涼飲料水，高級菓子，主として業務用	・糖度が一番高く，高級品
		中ざら	99.7	・おもに加工用（キャラメル・佃煮用），家庭では煮豆，製餡に白砂糖と併用	・黄色 ・そのままでは溶けにくい
		グラニュー糖	99.9	・紅茶，コーヒー，カクテル用，乳幼児の人工栄養	・ざらめ糖の最も細かい粒．サラサラして溶けやすい．あくがない
	車糖	上白	97.5	・一般家庭用 ・飲み物・料理・菓子類	・熱を加えなくても溶ける ・固結を防ぐためビスコ（精製転化糖）を1～3％添加してある ・やや淡黄色
		中白	95～96	・煮物用	
		三温	96.6	・佃煮・煮物	・茶　色
加工糖	粉砂糖		99以上	・製菓原料としておもに装飾用 ・バタークリームにも用いる	・グラニュー糖，白ざらを粉にひいたもの
	角砂糖		99.8	・コーヒー，紅茶など香気を尊重する飲み物	・グラニュー糖にグラニュー糖飽和溶液を加え，立方体に成型して乾燥させたもの
	氷砂糖		100	・梅酒・果物の砂糖漬け ・そのまま食べる	・砂糖のうち最も結晶が大きく最も純粋 ・製法上，透明なものと不透明なものがある

（杉田浩一他編：調理科学ハンドブック．学建書院，1981．）

実験 7-3 記録表

実験日（　　年　月　日）天候（　）室温（　℃）
所要時間（　：　～　：　）
共同実験者・人数（氏名　　　　　　　　：　名）

フォンダン，糖衣

観察事項	加熱温度 撹拌条件	106℃ 消火直後	106℃ 40℃	112℃ 消火直後	112℃ 70℃ 起泡卵白10g添加	115～117℃ 消火直後
砂糖濃度(%)						
撹拌時間	a(　分　秒)				/	/
	b(　分　秒)				/	/
結晶の状態	軟らかさ					
	つや きめ					
	衣のつき具合 舌ざわりなど					
	顕微鏡観察（倍率）					

考察

実験 7-4 記録表

実験日（　　年　月　日）天候（　）室温（　℃）
所要時間（　：　～　：　）
共同実験者・人数（氏名　　　　　　　　　　：　名）

あめ，抜絲

砂糖溶液	砂糖＋水＋食酢	砂糖＋ラード
消火温度	150℃	（　　　）℃
砂糖溶液の状態　糸の引き方		
砂糖溶液の状態　結晶の状態など		
砂糖溶液の状態　3日後の状態		

実験 7-5 記録表

実験日（　　年　月　日）天候（　）室温（　℃）
所要時間（　：　～　：　）
共同実験者・人数（氏名　　　　　　　　　　：　名）

カラメル

加熱温度	（　　　　　）℃
味	

考察

課題

1．砂糖溶液が結晶化する条件をまとめなさい．
2．シロップ，フォンダン，糖衣，あめ，抜絲，カラメルなど，砂糖を用いた調理の要領をまとめなさい．

8. 卵の調理性に関する実験

> **目的**：1. 卵の比重，卵黄係数，濃厚卵白率，pH などを調べ，鮮度を鑑別する方法を検討する．
> 2. 卵の起泡性と安定性に及ぼす卵白の種類や添加物の影響を理解する．
> 3. 卵の熱凝固性に対する水の希釈濃度，だし汁や牛乳，食塩や砂糖の影響を理解する．

> **材料**：実験 8-1：鶏卵 3 個（当日卵，14 日冷蔵，14 日室温放置），10％食塩水 1 l，
> 実験 8-2：新鮮卵 6 個，砂糖，油，実験 8-3：新鮮卵 4 個，蒸溜水，だし汁（120 ml），牛乳（116 ml），砂糖 12 g，食塩 0.4 g

> **器具**：ビーカー（1 l）1，ガラス板 1，三角定規 2，ノギス，穴じゃく子，ストップウォッチ，pH メーター（pH 試験紙），はかり，ゼリーグラス 5，漏斗（口径 90 mm）5，メスシリンダー（50 ml）5，温度計，ビーカー（100 ml）6，プリン型 6，蒸し器，竹串，その他一般調理器具

8-1 卵の鮮度鑑別

① 卵を耳もとで振ってみる．
② 10％食塩水（比重 1.073）に静かに入れ，浮沈の状態を観察する（塩水比重法）．
③ 測定直前に卵を割り，ガラス板（平らな金属板）上に卵黄をのせて，直径と高さを三角定規またはノギスを用いて測定する．

　　卵黄係数＝卵黄の高さ／卵黄の平均の直径

④ 卵白を穴じゃく子に移し，あらかじめ重量を量っておいたボールで受ける．水様卵白を一定時間（20 秒間）落下させて濃厚卵白と水様卵白に分け，各々の重量を測定する．

　　濃厚卵白率＝濃厚卵白重量／全卵白重量×100

⑤ pH メーターまたは pH 試験紙で卵黄と卵白の pH を調べる．

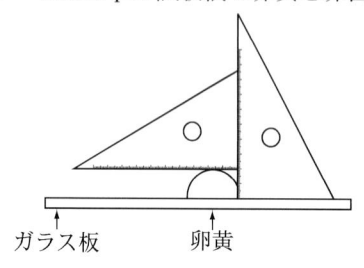

　　ガラス板　　卵黄　　　　卵黄の高さと直径の測り方

8-2　卵白の起泡性と泡の安定性

① 卵を割り，濃厚卵白と水様卵白に分ける．濃厚卵白，水様卵白ともに30gとする．
② 流動性がなくなるまで（つのが立つまで）泡立て，泡立てに要した時間を計る．
③ あらかじめ重量を量っておいたゼリーグラスに，水，および泡立った卵白を入れて重量を測定し，比重を算出する．同時に泡の状態も観察する．
　　比重＝泡の重量/水の重量
④ 泡を漏斗にゴムべらを使って移し，下にメスシリンダーを受け，②で泡立て終えてから10, 20, 30分後の分離液量を計り，泡の状態を観察する．
⑤ 卵白30gに，卵白重量の5％の砂糖，卵黄，油をそれぞれ加え，同様の操作（②～④）を行う．

8-3　卵液の熱凝固性

① 卵を割ってほぐし，よく混ぜ，裏ごしを通しておく．
② 下表のようにA～Fの材料を100 mlのビーカーに入れ，よく混ぜたのち，湯せんにして50℃になるまで泡を立てないように静かに撹拌しながら加熱し，食塩，砂糖を溶かしてプリン型に入れる．
③ 十分熱した蒸し器に入れ，蒸し器の蓋をずらして温度計を入れ，蒸し器内の温度が85～90℃になるように火力を調節し，20分間弱火で蒸してとり出す．
④ 水中で冷ましてから，A～Fの試料の高さ（型のまま中心部に串を刺す）を測り，型から皿に出して歪み率（実験6. p 41参照）を算出し，形状，分離液の有無，硬さ，舌ざわり，味，総合評価についてA－B，B－E，E－Fは2点識別試験法，B－C－Dは順位法により官能評価する．

	A	B	C	D	E	F
卵 (g)	40	20	20	20	20	20
蒸溜水 (g)	40	60				
だし汁 (ml)			60	59.4		
牛乳 (ml)					60	56*
食塩 (g)				0.6		
砂糖 (g)						12

*60－4（砂糖12gの換水値）＝56 ml

実験 8-1 記録表

実験日（　　　年　　月　　日）天候（　　）室温（　　℃）
所要時間（　　：　　～　　：　　）
共同実験者・人数（氏名　　　　　　　　　　　　　　：　　名）

卵の鮮度鑑別

	A	B	C
卵を振った状態			
10％食塩水に入れた状態			
卵黄係数			
濃厚卵白率			
卵黄 pH			
卵白 pH			
総合判定			

＊新しいと思われるものを1として，順位をつける．

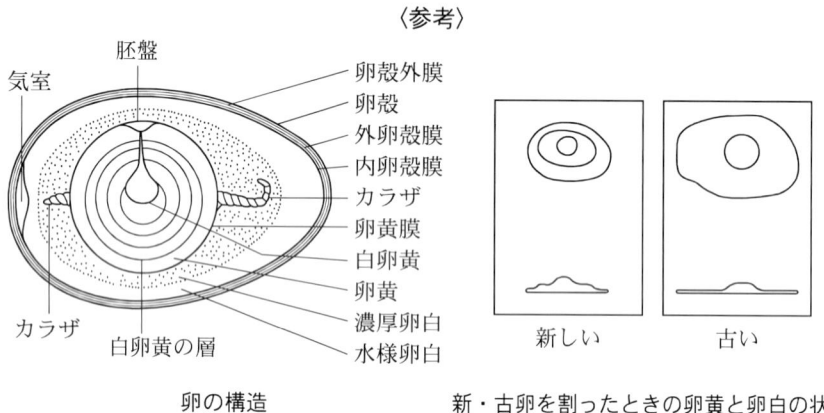

〈参考〉

卵の構造
（気室・胚盤・卵殻外膜・卵殻・外卵殻膜・内卵殻膜・カラザ・卵黄膜・白卵黄・卵黄・濃厚卵白・水様卵白・カラザ・白卵黄の層）

新・古卵を割ったときの卵黄と卵白の状態
新しい　　古い

考察

実験 8-2 記録表

実験日（　　　年　　月　　日）天候（　　）室温（　　℃）
所要時間（　　：　　～　　：　　）
共同実験者・人数（氏名　　　　　　　　　　　　　：　　名）

卵白の起泡性と泡の安定性

	泡立て時間	比　重	泡の状態	泡の分離（ml）			時間経過後の泡の状態
				10分	20分	30分	
濃厚卵白							
水様卵白							
卵白＋砂糖							
卵白＋卵黄							
卵白＋油							

考　察

実験 8-3 記録表	実験日（　　年　月　日）天候（　）室温（　℃） 所要時間（　：　～　：　） 共同実験者・人数（氏名　　　　　　　　　：　名）

卵液の熱凝固性

〈2点識別試験法〉

項　目	A （1：1）	B （1：3）	B （水）	E （牛乳）	E （牛乳）	F （牛乳＋砂糖）
形　状						
分離液の有無						
硬　さ						
舌ざわり						
味						
総合評価						
特　徴						

　AとB，BとE，EとFについて，形がよい方，分離液の少ない方，硬い方，舌ざわりのよい方，味のよい方，総合的に好ましい方に○をつける．

〈順位法〉

項　目	B（水）	C（だし汁）	D（だし汁＋食塩）
形　状			
分離液の有無			
硬　さ			
舌ざわり			
味			
総合評価			
特　徴			

　形がよいもの，分離液の少ないもの，硬いもの，舌ざわりのよいもの，味のよいもの，総合的に好ましいものを1として順位をつける．

〈歪み率〉

	A	B	C	D	E	F
歪み率（％）						

考　察

課題

1. 鮮度を鑑別する他の方法も調べ，新鮮卵の特徴をまとめなさい．
2. 卵白の起泡性と泡の安定性に及ぼす卵白の種類や添加物の影響をまとめ，安定のよい泡を得るための条件を考察しなさい．また，卵白の起泡性と泡の安定性に及ぼす温度の影響について調べなさい．
3. 卵の熱凝固性に及ぼす希釈率，水，だし汁，牛乳などの希釈溶媒，および食塩や砂糖などの調味料の影響をまとめなさい．
4. 卵豆腐，茶わん蒸し，カスタードプディングなどの調理要領をまとめなさい．

9. 肉の調理性に関する実験

目的：
1. ポークソテーにおける食塩の意味および筋切りの意味を理解する．
2. 湿式加熱における筋線維のほぐれやすさとスープのうま味の変化について，加熱時間および前処理の違いから理解する．
3. ハンバーグステーキにおける副材料の役割を理解する．

材料：**実験9-1**：豚ロース肉300〜400g（厚さ1〜1.5cm 3枚），食塩（肉の1％），植物油（肉の3〜4％），**実験9-2**：牛すね肉400g，植物油，食塩，**実験9-3**：牛ひき肉80g×4，たまねぎ24g×3，パン粉12g×3，牛乳12g×3，鶏卵12g×4，植物油，食塩，香辛料

器具：**実験9-1**：包丁，はかり，キッチンペーパー，フライパン，ストップウォッチ，**実験9-2**：深鍋2，温度計，尿たんぱく検出紙，ビーカー（50 ml）8，キッチンペーパー，**実験9-3**：ボウル4，フライパン，バット，ものさし，アルミホイル，その他一般調理器具

9-1 ポークソテーにおける食塩と筋切りの意味

① 豚ロース肉の重さを測る．
   筋切りの方法：筋は赤身と脂身の境にあるので，その境目に包丁の先を垂直に立て，約1cmの切れ目を入れる．間隔は2〜3cmにする．厚みがあるときは，裏からもする．
   A：筋切りをする．食塩を振らない．
   B：筋切りをする．肉の1％の食塩を両面に振る．
   C：筋切りをしない．肉の1％の食塩を両面に振る．
② 食塩を振ってから10分後，キッチンペーパーで浸み出した水を拭きとる．
③ フライパンを熱し，植物油（約小さじ1）を入れてなじませる．
④ 盛り付け面を下にして肉を入れ，最初は強火で30秒，弱火で1.5〜2分，裏返して，強火で30秒，弱火で1.5〜2分焼き，皿に取る．次の肉を焼くときは，フライパンの油を紙で拭きとってから焼く．
⑤ 焼いた肉の重さを測り，重量減少率を算出する．
⑥ 焼いた肉の形，ぱさつき，硬さ，味の特徴を記録表に書いて比較する．

9-2 湿式加熱による肉の軟化とスープの味

① 牛すね肉 400 g を均質に 24 個に切り，これを 2 等分して A 群，B 群とする．

② A群：深鍋に水 1 l を入れ，肉を加えて水から加熱する．水温が 95℃になったら火を弱め，90℃を保つ．

③ B群：フライパンを熱し，植物油小さじ 1 を加える．肉片を強火で炒めて表面を凝固させたのち，キッチンペーパーの上にとる．深鍋に水 1 l を入れ，肉片を加えて水から加熱する．水温が 95℃になったら火を弱め，90℃を保つ．

④ 加熱開始後，A，B 群それぞれの鍋から 15，30，60，90 分ごとに肉片を 3 個ずつとり出す．同時にスープを約 40 g（大さじ 3 弱）ずつビーカーにとり，尿たんぱく検出紙を用いて，スープ中のたんぱく質濃度を簡易的に測定する．なお，とり出した肉片は乾燥しないように，ラップなどをかけておく．

⑤ A群，B 群それぞれについて，加熱時間の異なる肉片の色，弾力性，筋線維のほぐれやすさとうま味を，順位法により官能評価する．

⑥ スープについても同様に，色，香り，透明度などの特徴を観察したのち，0.8％の食塩を加えて食味し，うま味について順位法により評価する．

⑦ 加熱時間の等しい A 群，B 群の肉片について，色，弾力性，筋線維のほぐれやすさとうま味について，2 点識別試験法により官能評価する．

⑧ スープについても同様に，色，香り，透明度などの特徴を比較したのち，うま味について 2 点識別試験法により官能評価する．

注）水温が 95℃以上になると蒸発量が増え，スープが濁るので，温度計を見ながら弱火で加熱する．また，A 群と B 群とで火加減が異ならないように注意する．

9-3 ハンバーグステーキにおける副材料の役割

① 次頁の表 1（材料の配合）のように材料を用意する．パン粉は牛乳と合わせておく．鶏卵は溶き卵にして，ストレーナーでこしてから 12 g ずつに分ける．

② たまねぎをみじん切りにして，A・B 用（炒める）と D 用（生）にとり分ける．A・B 用については，熱したフライパンに植物油を入れ，中火〜弱火で薄茶色になるまで炒める（約 5 分間）．加熱終了後の重量を測定し，バットに広げ，冷ましてから 2 等分する．

③ A〜D それぞれの材料を合わせ，均一になるようによく混ぜる（材料の混ぜ方を同じにするため，こね回数を同じにする）．円形に成型して（厚さ 1.5 cm 程度）中央をくぼませる．重量および直径を測定しておく．

④ オーブン（230℃）で約 10 分間焼く（オーブンシートの上に並べる）．一定時間冷ましたのち，ハンバーグの重量および直径を測定する．外観や断面などを観察したのち，硬さ，うま味を標準と比較して 2 点識別試験により官能評価する．

表1　材料の配合

	条件	牛ひき肉	たまねぎ	油	パン粉	牛乳	食塩	香辛料	鶏卵
A	標準	80 g	24 g	2 g	12 g	12 g	0.9 g	少々	12 g
B	パン粉を加えない場合	80 g	24 g	2 g	—	—	0.9 g	少々	12 g
C	たまねぎを加えない場合	80 g	—	—	12 g	12 g	0.9 g	少々	12 g
D	たまねぎを生で加える場合	80 g	24 g	—	12 g	12 g	0.9 g	少々	12 g

実験 9-1 記録表

実験日（　　　年　　月　　日）天候（　　）室温（　　℃）
所要時間（　　：　　～　　：　　）
共同実験者・人数（氏名　　　　　　　　　　　：　　名）

ポークソテーにおける食塩と筋切りの意味

肉	重さ (a g)	食塩 (肉の1％)	筋切り	加熱後重量 (b g)	重量減少率(％) (a-b)/a×100
A		なし	あり		
B		あり	あり		
C		あり	なし		
官能評価	形	ぱさつき	硬さ	味	気づいたこと
A					
B					
C					

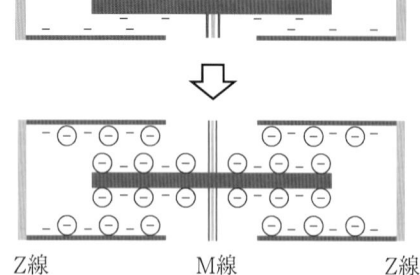

食塩添加による筋原線維の膨潤の仕組み

肉に食塩を振ると，食塩 NaCl の塩素イオン（Cl^-）が筋原線維のフィラメントをおおい，フィラメント間に静電気的反発力が働いて，フィラメント間の間隔が広がる．その結果，フィラメント間に肉組織の水分が入り込み，筋原線維が膨潤することにより，肉の保水性が高まる（松石昌典，西邑隆徳，山本克博，編：肉の機能と科学．朝倉書店．2015, p 138 より）．

Z線　　M線　　Z線

実験9-2 記録表

実験日（　　　年　　月　　日）天候（　　）室温（　　℃）
所要時間（　　：　　～　　：　　）
共同実験者・人数（氏名　　　　　　　　　　　　　　：　　名）

湿式加熱による肉の軟化とスープの味

				15分	30分	60分	90分
肉	特　徴		A				
			B				
	順位法	弾力性	A				
			B				
		ほぐれやすさ	A				
			B				
		うま味	A				
			B				
	2点識別試験法	弾力性		A・B	A・B	A・B	A・B
		ほぐれやすさ		A・B	A・B	A・B	A・B
		うま味		A・B	A・B	A・B	A・B
スープ	特　徴		A				
			B				
	たんぱく質濃度		A				
			B				
	うま味	順位法	A				
			B				
		2点識別試験法		A・B	A・B	A・B	A・B

＊順位法はA群，B群それぞれに最も弾力の大きいもの，ほぐれやすいもの，うま味の強いものを1として順位をつける．
＊2点識別試験法は加熱時間が同じものをAとBで比較し，弾力の大きい方，ほぐれやすい方，うま味の強い方に○をつける．

考　察

実験 9-3 記録表

実験日（　　年　月　日）天候（　）室温（　℃）
所要時間（　　：　　～　　：　　）
共同実験者・人数（氏名　　　　　　　　　　　：　　名）

記録表

	A	B	C	D
はじめの重量(a)				
焼き上がり後の重量(b)				
重量減少率（％）(a−b)/a×100				
はじめの直径				
焼き上がり後の直径				
外観・断面の様子・においなど				
官能評価　硬さ		A・B	A・C	A・D
官能評価　うま味		A・B	A・C	A・D

＊2点識別試験法は硬いもの・うま味の強い方に○をつける．
＊たまねぎの重量減少率＝(もとの重量−炒めたのちの重量)/もとの重量×100＝(　　　)％

考察

課題

1. 実験9-1で塩をする意味および筋切りの意味について述べなさい．
2. 実験9-2で，肉とスープのうま味がA群とB群で異なる理由を述べなさい．また，実験結果から，スープストックをとる要領とビーフシチューを作る要領を述べなさい．
3. 実験9-3の結果から，ハンバーグステーキにおいてそれぞれの副材料が果たす役割を述べなさい．

10. 魚の調理性に関する実験

目的：1. かまぼこの足の強さに及ぼす食塩および魚種の影響を観察する．
2. 魚のだしのとり方を知る．
3. 魚のムニエルにおけるでんぷんの役割を知る．

材料：白身魚・赤身魚のすり身各120g，魚の切り身30〜40g×3，食塩，かたくり粉

器具：乳鉢，乳棒，カードメーター，尿たんぱく検出紙4枚，ビーカー(200 ml) 3，はかり，アルミホイル，セラミック金網，その他一般調理器具

10-1　かまぼこの足の強さに及ぼす食塩および魚種の影響

① 魚（白身魚・赤身魚）のすり身と食塩を下表のように合わせ，乳鉢で3分間すり混ぜる．

〈すり身と食塩の割合〉

	A	B	C	D
すり身 (g)	30.0	29.7	29.4	29.1
食　塩 (g)	0	0.3	0.6	0.9

② アルミホイル（5×5 cm）に3×4 cmの長方形を鉛筆で書き，乳鉢のすり身をゴムべらで全部きれいにとり出し，長方形に合わせてすり身をのせ直方体に成形する．
③ 蒸気の上がったせいろにすり身を移し，15分間蒸す．とり出してから，乾燥しないようにして冷ます．
④ かまぼこを2等分にし，一方はカードメーター（400gのスプリングと分銅，直径2 mmの感圧軸）で硬さ，破断強度を測定する．他方は厚さ0.5 cmの試験片を作り，切り口の特徴を比較したのち2つに折り曲げる．折れ目の状態を観察して，下表に示す基準（＋，−）で評価する．

〈折れ曲げ試験〉

折れ目	折れ目の状態	足の強さ
−	折れ目に異常なし	6〜10
±	ひび割れを生じる	4〜5
＋	折れる	2〜3
＋＋	折れて2片に分離する	0〜1

⑤ 食味して塩分濃度の差による歯ごたえや舌ざわり（テクスチャー）の特徴を観察し，弾力（足）の強さや，かまぼことしての好ましさについて順位法により官能評価する．

〈備考〉 かまぼこ，魚肉団子の弾力を足という．

10-2　魚のだし汁のとり方，ムニエルのでんぷんの役割

① 魚の切り身A，B，Cの重量を量り，それぞれに1％の食塩を振り5分間放置する．
② 切り身Aの表面をキッチンペーパーで拭いてかたくり粉を振り，余分の粉をはたいたのち重量を量る．
③ ビーカーA，B，Cの重量を量り，同じ記号の切り身重量に対して3倍量の水をそれぞれのビーカーに入れる．
④ ビーカーA，Bを加熱し，沸騰後切り身A，Bをそれぞれ入れて，再び沸騰したら火力を弱めて2分間加熱する．切り身A，Bをとり出して汁をよく切り，重量を量る．
⑤ ビーカーCには切り身Cを入れ，水から加熱して沸騰後火力を弱めて2分間加熱し，④と同様にして重量を量る．
⑥ 切り身のテクスチャーの特徴を記入し，硬さ，舌ざわり，およびうま味について，順位法により官能評価する．
⑦ ビーカーの汁の重量を量り，汁の0.5％の食塩を加えて，香りや色などの特徴を記入し，透明度とうま味について順位法により官能評価する．また，尿たんぱく検出紙で汁のたんぱく質濃度を比較する．

注）加熱するコンロは，火力を一定にするために1つに固定することが望ましい．

〈参考〉　魚介類と畜肉の筋肉たんぱく質組成の比較

種　類		筋肉たんぱく質		肉基質たんぱく質
		筋形質たんぱく質	筋原繊維たんぱく質	
魚介類	かつお	42	55	4
	かます	31	65	3
	きはだ	33	59	4
	すずき	27	55	4
	たら	21	76	3
	びんなが	48	49	1
	とびうお	29	63	2
	ひらめ	18～24	73～79	3
	ぶり	32	60	3
	まさば	38	60	1
	まいわし	34	62	2
	こい	23～25	70～72	5
	するめいか	12～20	77～85	2～3
	はまぐり(閉殻筋)	41	57	2
	はまぐり(足筋)	56	33	11
畜肉	仔うし	24	51	25
	ぶた	20	51	29
	うま	16	48	36
	うさぎ	28	52	16

（藤巻正生ら：米・大豆と魚．p154，光生館，1984．を改変）

<参考> カードメーターについて

[目　的]

　食物を食味するとき，前歯で切断する，奥歯と顎で押しつぶすなどしてその硬さを感じる．この一連の動作から伝えられる感覚を官能的に分析する場合，やや硬い，歯切れがよい，もろいなどといった繊細で微妙な表現にならざるを得ない．食品のテクスチャーをより精密に分析するために，このような感覚を具体的な数値で表すことのできる種々の機械が開発されている．

　カードメーターは，食品の硬さ，破断強度（食品の破壊を引き起こすために必要な力），粘ちょう度の測定に用いられ，食品の種類や組成による硬さ，破断強度，粘度の違いなどを分析する際に役立てられる．

[操作方法]

① 試料に応じて，スプリング，感圧軸，分銅を選定する(表1 参照)．かまぼこ(寒天)の場合は，400 (200) g のスプリングと分銅，直径 2.0 (5.6) mm の感圧軸を用いる．
② 感圧軸，スプリング，分銅をとりつける（図1 参照）．
③ ドラムに記録紙をまきつけ，止め金具で押さえる．記録ペンにインクを入れ，とりつける．記録ペンが，記録紙の 0 に合っていることを確認する．ドラムを手で回転させ，ペン先が記録紙に接触して線を描くことを確認する．
④ 試料（形，大きさを揃える）を可動台にのせ，感圧軸の侵入する部分が試料平面の中心になるように置く．
⑤ スイッチを ON にする．感圧軸が試料に接すると，試料の感圧軸への抵抗曲線が記録紙上に記録される．
⑥ スイッチを OFF にし，記録ドラム，分銅をはずす．可動板降下制動器のつまみを引っ張りながら可動台を主柱の中ほどまで押し下げ，感圧軸を試料から静かに抜きとる．感圧軸の付着物を紙で拭きとる．

[測定曲線の解析]

　測定する食品によって記録される曲線，測定項目が異なるが，ここでは硬さと弾力のあるもの（寒天，かまぼこ，豆腐など）についてのみ説明する．

　硬さと破断強度は，次式で求められる．

$$硬さ = A_2/A_1 \cdot k/L \quad (dyn/cm^2)$$

$$破断強度 = F/S \cdot 980 \quad (dyn/cm^2)$$

A_2, A_1：記録紙の対角線と任意の時間 t における垂線とから，図2 のように求める．
k：スプリングの常数（表2 参照）
L：感圧軸円板の円周（表3 参照）
F：感圧軸の侵入深度：記録紙の縦軸の読みで，分銅の重さによって異なる(表4 参照)．
S：感圧軸円板の面積（表3 参照）

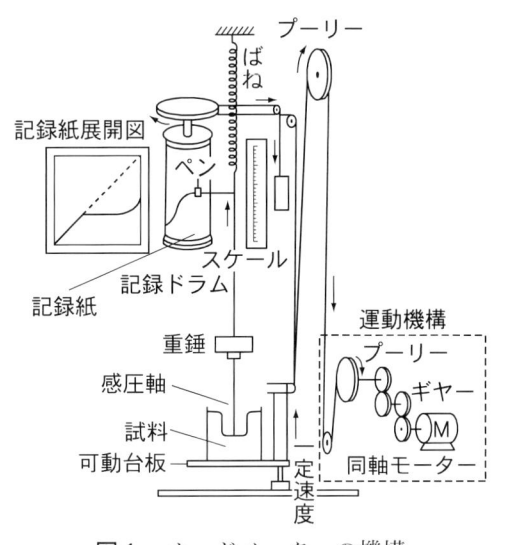

図1　カードメーターの機構
（飯尾尚子：調理科学，2，55，1969．）

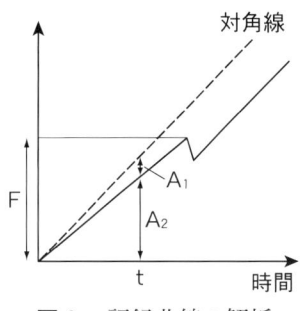

図2　記録曲線の解析

表1　スプリング，分銅，感圧軸の選定

	寒天	かまぼこ	豆腐	プリン	ソーセージ
スプリング・分銅（g）	200	400	100	100	200
感圧軸の直径（mm）	5.6	2.0	8.0	16	3.0

表2　スプリングの常数

スプリング	k
100 g	6533×1
200 g	6533×2
400 g	6533×4

表3　感圧軸円板の大きさ

直径 mm	面積 S cm²	円周 L cm
2.0	0.03	0.63
5.6	0.25	1.76
8.0	0.5	2.51

表4　記録紙縦軸の読み

分銅（g）	縦軸の目盛り	縦軸の読み
100	100	100
200	100	200
400	100	400

実験 10-1 記録表

実験日（　　　年　　月　　日）天候（　　）室温（　　℃）
所要時間（　　：　　〜　　：　　）
共同実験者・人数（氏名　　　　　　　　　　　　　：　　名）

かまぼこの足の強さに及ぼす食塩および魚種の影響

	魚の種類	A（食塩0％）	B（食塩1％）	C（食塩2％）	D（食塩3％）
硬さ	白身				
	赤身				
破断強度	白身				
	赤身				
切り口の特徴	白身				
	赤身				
切れ目の状態	白身				
	赤身				
テクスチャー	白身				
	赤身				
弾力（足）	白身				
	赤身				
総合評価	白身				
	赤身				

最も弾力のあるもの，総合的に好ましいものを1として，順位をつける．

考察

実験 10-2 記録表

実験日（　　　年　　月　　日）天候（　　）室温（　　℃）
所要時間（　　：　　～　　：　　）
共同実験者・人数（氏名　　　　　　　　　　　　　　：　　名）

魚のだし汁のとり方，ムニエルのでんぷんの役割

	加熱前（g）						加熱後（g）	
	切り身	食塩	でんぷん	合計	ビーカー	水	切り身	だし汁
A（かたくり粉付き，沸騰水中に投入）								
B（かたくり粉なし，沸騰水中に投入）			0					
C（かたくり粉なし，水から投入）			0					

〈切り身の特徴と官能評価〉

	A（かたくり粉付き，沸騰水中に投入）	B（かたくり粉なし，沸騰水中に投入）	C（かたくり粉なし，水から投入）
特　徴			
硬　さ			
テクスチャー			
うま味			
総合評価			

最も硬いもの，テクスチャーの好ましいもの，うま味の強いもの，総合的に好ましいものを1として，順位をつける．

〈だし汁の特徴と官能評価〉

	A（かたくり粉付き，沸騰水中に投入）	B（かたくり粉なし，沸騰水中に投入）	C（かたくり粉なし，水から投入）
特　徴			
透明度			
うま味			
総合評価			
たんぱく質濃度			

最も透明なもの，うま味の強いもの，だし汁として好ましいものを1として，順位をつける．

考察

課題

1. **実験10-1**で，食塩濃度および魚種によってかまぼこの物性に差異が生じたのはなぜか．魚肉たんぱく質の種類と，その特性を関連づけて述べなさい．
2. かまぼこの製法を述べなさい．また，かまぼこに適した魚種を示し，適する理由も述べなさい．
3. **実験10-2**で，魚肉および汁の風味に差異が生じたのはなぜか．魚肉たんぱく質の種類と，その特性を関連づけて述べなさい．
4. 魚のだしのとり方を述べなさい．

11. 豆類の調理性に関する実験

目的：1. 豆の種類による吸水速度および吸水量の違いを知る．
2. 加熱による豆の硬さの変化を観察し，さらに，豆の種類によるテクスチャーやあん粒子の状態の違いを知る．

材料：だいず50 g（30 g＋20 g），あずき40 g（30 g＋10 g），その他1種の豆70 g（30 g＋40 g），木綿豆腐400 g，絹ごし豆腐200 g，食塩

器具：ビーカー（200 ml）3，温度計（100℃）2，時計，仕切り用網1，（あれば）硬度計，顕微鏡，はかり，中鍋2，小鍋2，ざる，布きん，その他一般調理器具

11-1 豆の吸水

① あずき，だいず，その他の豆を約30 gずつとって，正確に重量を量る．
② ビーカーに150 mlの水を入れ，豆を種類別に浸す．
③ 次の時間ごとに，水温を測って豆を取り出し，布きんで水気をよく拭きとって重量を量る．測定後の豆を，元のつけ汁に戻して浸す．

　　　　0.5，1，2，3，5，7.5，10，12.5，15，20　（時間）

注）5時間以上については，量れるときを見計らって行うとよい．

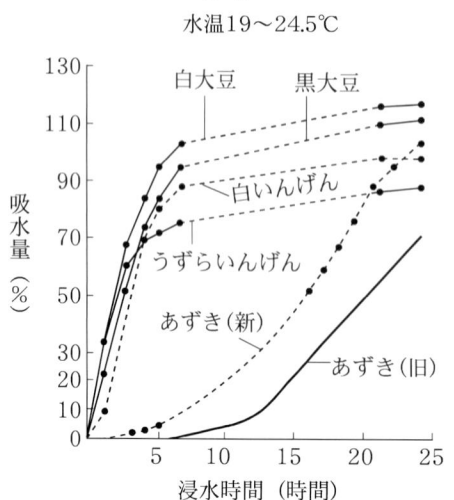

〈参考〉
水温19～24.5℃

豆類の吸水曲線
（松元文子，吉松藤子：三訂調理実験．柴田書店，1981．）

〈参考〉

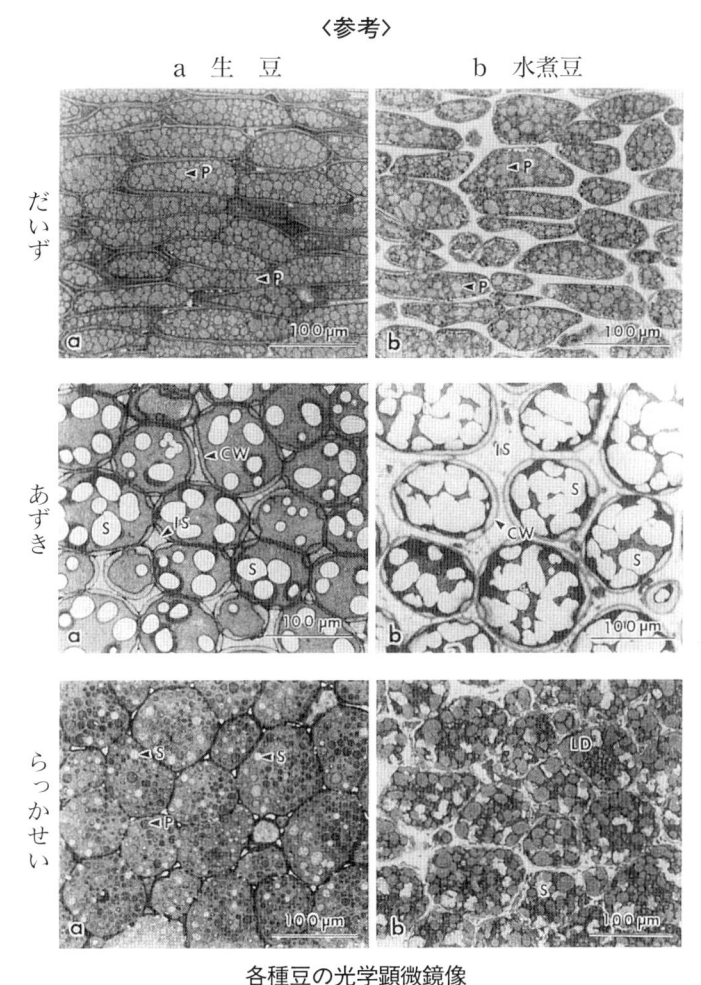

　　　　　a　生　豆　　　　　　b　水煮豆

だいず

あずき

らっかせい

各種豆の光学顕微鏡像

P：プロテインボディ，S：デンプン粒，CW：細胞壁，IS：細胞間隙，LD：脂質滴

（山本奈美，田村咲江：家政誌，50：313，1999）

11-2　豆の種類と加熱による変化およびあん形成能

① 各種の豆100粒ずつをざっと洗い，全部を水1 l とともに中鍋に入れて火にかける．
② 沸騰し始めたら，微沸騰を続ける程度のごく弱火にして，次の時間ごとに，豆を10粒ずつ取り出す．

　　　　　　　20，30，40，50，60，70　（分）

③ 取り出した豆は室温で冷まして，親指と人差指でつまんでつぶし，硬さをみる．硬度計があれば，各種3粒ずつを，硬度計で測定する．
④ 指で軽くつぶれるようになるまで，加熱を続ける．ゆで水が減ってきたら，沸騰水を足す．
⑤ 軟らかくつぶれるようになった豆を口に含み，テクスチャーを評価する．

⑥ 軟らかくつぶれた豆の一部を，ごく少量ずつ1枚のスライドグラスにとり，カバーグラスでおさえて顕微鏡(100倍)で観察する．

11-3 加熱による豆腐の変化

① 絹ごし豆腐は，傷のない2cm角のものを均質になるように10個用意し，そのうち8個の重さを量る．木綿豆腐は，同様にして26個用意し，2個取り分けて，8個ずつ3組に分けて，それぞれの重さを量る．
② 中鍋にたっぷりの水を入れて沸騰させ，網で半々に仕切ったもの(A，B)と，小鍋に水を入れて，90℃に一定に保ったもの(C)，小鍋に1％食塩水を入れて沸騰させたもの(D)を準備する．
③ Aへ絹ごし豆腐を8個，B，C，Dへ各組の木綿豆腐を同時に入れ，次の時間ごとに2個ずつ取り出す．

$$2,\ 5,\ 10,\ 20\ (分)$$

④ 取り出した豆腐は，余分な水分を拭き取って2個ずつ重さを量り，半分に切って切り口の図を描いたのち，すぐに試食して，豆腐のテクスチャー，温度，味を評価する．なお，生の豆腐2個ずつについても同様に観察し，官能評価する．
⑤ 各組ごとに，加熱後の重量の8個分を合計し，変化率を算出する．

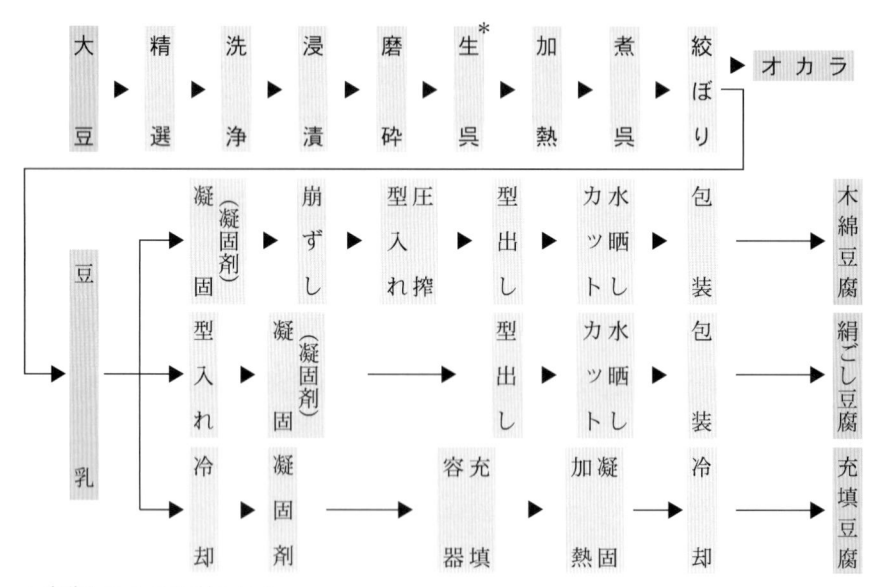

大豆 ▶ 精選 ▶ 洗浄 ▶ 浸漬 ▶ 磨砕 ▶ 生呉* ▶ 加熱 ▶ 煮呉 ▶ 絞ぼり ▶ オカラ

豆乳
  ▶ 凝固(凝固剤) ▶ 崩ずし ▶ 型入れ圧搾 ▶ 型出し ▶ 水晒しカット ▶ 包装 ▶ 木綿豆腐
  ▶ 型入れ ▶ 凝固(凝固剤) ▶ 型出し ▶ 水晒しカット ▶ 包装 ▶ 絹ごし豆腐
  ▶ 冷却 ▶ 凝固剤 ▶ 容器充填 ▶ 加熱凝固 ▶ 冷却 ▶ 充填豆腐

＊磨砕したものを呉という．

一般的豆腐の製造工程

実験 11-1 記録表

実験日（　　年　月　日）天候（　　）室温（　℃）
所要時間（　：　〜　：　）
共同実験者・人数（氏名　　　　　　　　　　　　：　名）

豆の吸水

浸漬時間 （時　刻）	0 （　）	0.5 （　）	1 （　）	2 （　）	3 （　）	5 （　）	7.5 （　）	10 （　）	12.5 （　）	15 （　）	20 （　）	翌日測定できる時刻 （　）
水温(℃)												
重量(g) あずき												
重量(g) だいず												

※授業時間以外で測定できる時刻にできるだけ多く測定し，測定時刻を多少変動させてよい．

実験 11-2 記録表

実験日（　　年　月　日）天候（　　）室温（　℃）
所要時間（　：　〜　：　）
共同実験者・人数（氏名　　　　　　　　　　　　：　名）

豆の種類と加熱による変化およびあん形成能

加熱時間（分）	硬さの変化							テクスチャー	顕微鏡観察
	20	30	40	50	60	70			
あずき									
だいず									

考察

実験 11-3-1 記録表

実験日（　　　年　　月　　日）天候（　　）室温（　　℃）
所要時間（　　：　　～　　：　　）
共同実験者・人数（氏名　　　　　　　　　　　　　：　　名）

加熱による豆腐の変化

			生	2分	5分	10分	20分
絹ごし豆腐	A（沸騰水）	図					
		外観・テクスチャー					
		2個分の重量(g)	/4				
木綿豆腐	B（沸騰水）	図					
		外観・テクスチャー					
		2個分の重量(g)	/4				
	C（90℃）	図	✕	✕			
		外観・テクスチャー	✕	✕			
		2個分の重量(g)	/4				
	D（食塩）	図	✕	✕			
		外観・テクスチャー	✕	✕			
		2個分の重量(g)	/4				

実験 11-3-2 記録表

豆腐の重量変化

		生	加熱後	変化率
絹ごし豆腐	沸騰	g	g	%
木綿豆腐	沸騰			
	90℃			
	食塩水			

考察

課題

1．豆の種類別の吸水曲線を作成しなさい．硬度計で測定した場合は，軟化曲線も作成しなさい．
2．豆の種類によるテクスチャーやあん粒子の状態の違いについて考察しなさい．
3．木綿豆腐と絹ごし豆腐の違いを調べ，さらに湯豆腐の調理要領をまとめなさい．

12. 油脂 (1) 揚げ物に関する実験

目的：
1. 揚げ油の温度変化を観察し，揚げ材料との関係について検討する．
2. 揚げ物は，多量の油を用い高温短時間で調理するため，加熱中に水分を蒸発して油を吸着（水と油の交換）することを理解する．
3. 揚げ材料の切り方による油の交換の相違について検討する．
4. 揚げ物の衣の役割と衣の種類によって吸着する油の量の異なることを理解する．

材料：植物油 1,100 g，さつまいも 300 g，薄力粉 100 g，卵 2 個，パン粉 100 g，牛乳 100 ml，衣付き冷凍エビ（未油ちょう品）6 尾，生エビ 3 尾

器具：はかり 1，ストップウォッチ 1，温度計（10～200℃）1，小鍋，網じゃく子 2，油切り，その他一般調理器具

12-1　揚げ油の温度変化，油の吸着と食品の脱水 〈切り方の違いによる水と油の交換〉

① さつまいもは皮を剝いて 3 cm×3 cm×1 cm に切り，60 g ずつ 4 組用意し，正確な重さを量っておく．以下の A～D の試料を準備し，重さ[注1]を量る．

A. 素揚げ（角切り）：切ったものをそのまま試料とする．
B. 素揚げ（拍子木切り）：さらに，3 cm×1 cm×1 cm になるように切り，試料とする．
C. 衣揚げ：卵 25 g と水 75 g に小麦粉 50 g を入れて軽く混ぜ合わせて，衣を作り，揚げる直前にさつまいもに衣をつける．
D. パン粉揚げ：さつまいもに小麦粉（10 g）をつけ，卵少々をからませ，パン粉（10 g）をまぶし直ちに揚げる．

② 小鍋の重量を量り，油 500 g を入れ，その重量（鍋＋油）を正確に量って火にかけ，油温を 170℃ に調整する．

③ 揚げ操作は，試料ごとに行う．試料を入れ（同時に時間を計り始め），試料が軟らかくなったら[注2]，時間と油温を計り，とり出す．あらかじめ重量を量った網じゃく子と油切りを用いて油を 1 分間切ったのち，いもの重さと揚げ油の重さ，網じゃく子や油切りに付着した油量を量る．各測定値から，揚げ時間，重量変化率（揚げた後の重量／揚げる前の重量×100），吸着油量と吸油率，水分蒸発量，脱水率を算出する．

なお，試料 A は，試料 A を鍋に入れた直後からの温度の低下を継時的に記録し，最

低温度と最低温度に達するまでの時間，170℃に回復するまでの時間も測定する．
④ 試料CとDは，③の項目を測定，算出後，慎重に衣といもに分けてそれぞれの重さを量り，全体と衣，いものそれぞれの吸着油量，重量変化率，脱水率も算出する．
⑤ それぞれのさつまいもを味わってみて，香ばしさ，口当たり，甘味などの特徴を記入し，順位法により官能評価する．

(揚げ物にあたっての留意点)
ⓐ 油温の経時的変化が測定できるように，火加減は一定にする．火加減は，弱〜中火で，180℃前後の温度上昇が1℃／2秒くらいになるようにする．
ⓑ 温度計は300℃まで計れるものを用い，取り扱いに注意する（急激な温度変化による破損など）．
ⓒ 油の取り扱いには注意をして，やけどなどしないようにする．なお，熱い油の重量を量るときには，必ず耐熱容器をおいて手早く量ること．
ⓓ 「小鍋」を使うので，油に火が入らないよう，安定性や火の大きさに注意する．
注1) 衣をつけたのち，衣に要した材料をさつまいも重量に加えて試料の重さとする．
注2) 竹串をさし，中心部まで軟らかくなっていたら揚げ上がりとする．

12-2 市販品と手作り品の衣の違い

① 市販の衣付き冷凍エビ（未油ちょう品）3尾を解凍し，全体重量を測定する．さらに，衣をはがし，衣の重さとエビの重さを量り，衣率〔(衣重量/全体)×100〕を算出する．
② 卵液を調製する．卵1個を割り，ときほぐし，万能こし器を通す．
③ ①のエビに小麦粉，卵液をつけ，パン粉をつけて，ついた衣の重さを量る．衣率も算出する．
④ 小鍋の重量を量り，油600gを入れ，その重量（鍋＋油）を正確に量って火にかけ，油温を175℃に調整する．
⑤ 市販の衣付き冷凍エビ3尾を入れて（同時に時間を計り始め），色づいたら網杓子でエビフライをとり出す．あらかじめ重量を量った網じゃく子と油切りを用いて，油を1分間切ったのち，揚げ油の重さ，網じゃく子や油切りに付着した油量を量る．各測定値から，揚げ時間と吸油率〔(吸油量/揚げる前のエビ3尾の重量の合計)×100〕を算出する．
⑥ ③の衣をつけなおしたエビフライを，市販の衣付き冷凍エビと同様に揚げて，⑤の項目を測定，算出する．
⑦ 生のエビ3尾の腹に切り目を入れてまっすぐにし，小麦粉，卵液，パン粉をつけて，ついた衣の重さを量り，衣率を求める．
⑧ 市販の衣付き冷凍エビと同様に揚げて，⑤の項目を測定，算出する．
⑨ 冷めてから，切り口を観察し，油っこさ，味と総合評価を順位法により官能評価する．

〈備考〉 吸着油量，吸油率，水分蒸発量，脱水率の求め方

吸着油量＝油の減少
　　　　＝揚げる前の油の重量－（揚げたのちの重量＋付着した油の重量）

吸油率(%)＝吸着油量／最初の試料の重量×100

水分蒸発量＝（最初の試料の重量＋油の吸着量）－揚げ上がりの重量

脱水率(%)＝水分蒸発量／最初の試料の重量×100

食用油脂の種類（杉田浩一他：調理科学ハンドブック．学建書院，1981．）

食用油脂
- 食用油
  - 植物性…だいず油，なたね油，棉実油，ごま油，ひまわり油，サフラワー油，コーン油，落花生油，オリーブ油，米糠油
  - 動物性…魚油（いわし油，まぐろ油）
- 食用脂
  - 植物性…パーム油，カカオ脂
  - 動物性…ラード，ヘッド，バター，羊脂
  - 加工脂…ショートニング，マーガリン

実験 12-1 記録表

実験日（　　年　月　日）天候（　）室温（　℃）
所要時間（　：　～　：　）
共同実験者・人数（氏名　　　　　　　　　　：　名）

揚げ物の種類と衣の役割

		素 揚 げ	考 察
油温の経時的変化（℃）	0秒		
	15秒		
	30秒		
	45秒		
	1分00秒		
	1分15秒		
	1分30秒		
	1分45秒		
	2分00秒		
	2分30秒		
	3分00秒		
最低温度（℃）			
最低温度になるまでの時間（秒）			
最低温度から温度回復までの時間（秒）			

12. 油脂(1) 揚げ物に関する実験

		素揚げ	素揚げ（拍子木切り）	衣揚げ	パン粉揚げ
材料の重量	全体(g)				
	さつまいも(g)				
	衣(g)				
揚げ上がり重量	全体(g)				
	さつまいも(g)				
	衣(g)				
変化率	全体(g)				
	さつまいも(g)				
	衣(g)				
揚げる前の油の重量(g)		500	500	500	500
揚げた後の油の重量(g)					
付着した油の重量(g)					
揚げ時間(秒)					
揚げ上がり時の油温(℃)					
吸着油量(g)					
吸油率(%)					
水分蒸発量(g)					
脱水率(%)					
さつまいもの味 香ばしさ，歯ごたえ 口当たり，甘味など 特徴を記入する					
総合評価					

さつまいもの味（香ばしさ，口当たりなど）が最も好ましいものを1として，順位をつける．

考察

実験 12-2 記録表

実験日（　　　年　月　日）天候（　　）室温（　　℃）
所要時間（　　：　　～　　：　　）
共同実験者・人数（氏名　　　　　　　　　　　　：　　名）

市販品と手作り品の衣の違い

		揚げる前の重量（g）			衣率（％）	
		エビ	衣	全体		平均
市販品	1					
	2					
	3					
お衣をしたつけものなし	1					
	2					
	3					
ら生のエビか調製	1					
	2					
	3					

		市販品	衣をつけなおしたもの	生のエビから調製
揚げる前のエビ3尾の重量合計（ag）				
揚げる前の油と鍋の重量合計（bg）				
揚げた後の油と鍋の重量合計（cg）				
揚げる前の網杓子と油切りの重量合計（dg）				
揚げた後の網杓子と油切りの重量合計（eg）				
吸油率（％）：$\{(b-c)-(e-d)\} \div a \times 100$				
切り口の様子				
*官能評価	油っこさ			
	味			
	総合評価			

*最も好ましいものを1として，順位をつける．

課題

1. 適温で揚げ物をするための調理要領を考察し，まとめなさい．
2. 揚げ物の水と油の交換について，実験結果から，切り方，衣の種類などの影響を導きなさい．
3. 市販品の衣付き冷凍エビからのフライと手作りエビフライの衣率と吸油率の違いを検討し，衣率と吸油率の関係を導きなさい．
4. 揚げ物の種類を調べ，それぞれの特徴をまとめなさい．なお，衣の役割については詳細に記入すること．

13. 油脂 (2) 種類と乳化に関する実験

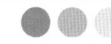

> **目的**：1. 油脂の種類による調理性と口当たりを比較する．
> 2. エマルションには水中油滴型（O/W型）と油中水滴型（W/O型）があるが，その判定方法を検討する．
> 3. 卵黄を乳化剤とするマヨネーズを作り，卵黄だけの場合と全卵の場合の，油と酢の加え方による粘度や油球の大きさ，エマルションの安定性について調べる．

> **材料**：ラード 50 g，バター 50 g，マーガリン 50 g，ショートニング 50 g，サラダ油 50 g，マヨネーズ 100 g (50 g＋50 g)，生クリーム 50 g，食紅（粉末 0.1 g を水 300 ml に溶かす），卵黄 30 g (15 g×2)，食塩 3 g (1 g×3)，からし 1.5 g (0.5 g×3)，食酢 45 ml (15 ml×3)，サラダ油 300 ml (100 ml×3)，全卵 15 g

> **器具**：ビーカー (50 ml) 4，メスシリンダー (10 ml) 1，メスシリンダー (100 ml) 1，温度計 (100℃) 1，顕微鏡，スライドグラス 8，カバーグラス 8，駒込ピペット，白色の小皿（直径 12 cm 程度），泡だて器，その他一般調理器具

13-1 油脂の種類とエマルション

① ラード，バター，マーガリン，ショートニング，サラダ油，マヨネーズ，生クリームについて，色，においを官能評価し，常温で固体のものは 20 g をビーカーにとり，50～60℃ の湯につけて，溶け始める温度（上昇融点）と完全に溶け，透明になる温度を記録する．

② 完全に溶けたら水につけて，固まり始める温度（凝固点）を記録する．

③ 各油脂を味わってみて，口当たりを比較する．

④ 各油脂大さじ 1 杯くらいを白色の小皿にとり，平らにして食紅で色をつけた水を 1 滴落とし，水が広がっていく状態を観察する．バター，マーガリン，マヨネーズ，生クリームについては，水の広がった状態の観察から，エマルションの型を判定する．水が広がれば，水中油滴型（O/W型）である．

〈参考〉エマルションの模式図

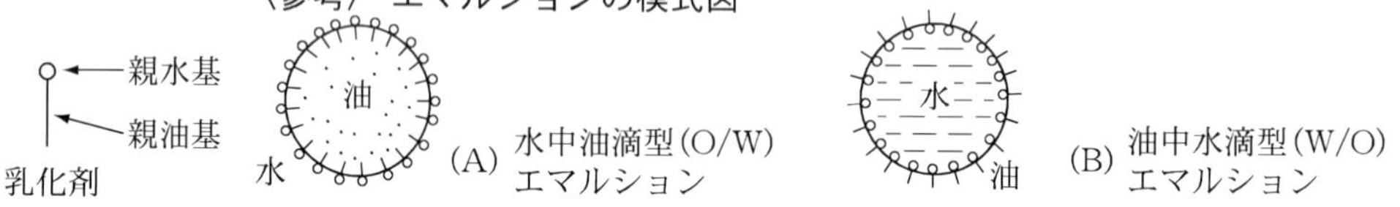

13-2　マヨネーズ

① 卵黄 18 g，食塩 2 g，からし 0.5 g，食酢 15 ml，油 100 ml をそれぞれ 2 組用意し，ボールに卵黄，食塩，からしを入れて白っぽくなるまでよく混ぜ，次に食酢 5 ml を加えて混ぜたところに油を加える．油の加え方は，次のA，Bのようにする．

　　A：油を駒込ピペットで滴下しながらよく混ぜ，しだいに加える油量を多くし，硬くなったら食酢を加える．この作業を繰り返し，油と食酢全量を混ぜる．油を 5 ml，50 ml，75 ml，100 ml 加えたときのマヨネーズを少量とり，食紅で色をつけた水 1～2 滴でのばす．これをスライドグラス上に少量とり，カバーグラスをかけたものを顕微鏡で観察する（400 倍）．

　　B：油を大さじで 1 杯（15 ml）ずつ加える．油の加え方を初めから多くして，硬くなったら食酢を加えてそのつどよく撹拌し，油と食酢全量を混ぜる．でき上がったマヨネーズをAと同じ方法で顕微鏡観察する．

② 全卵 15 g をよくときほぐして，食塩 1 g，からし 0.5 g を入れてよく混ぜ，食酢 5 ml を加えてさらによく混ぜたのち，①-Aと同様にサラダ油と食酢を加えていき，全卵マヨネーズを作る(C)．でき上がったマヨネーズを①-Aと同じ方法で顕微鏡観察する．

③ マヨネーズ（①-B）が分離した場合には，以下の i ～iii の何れかの方法で分離をなおす(D)．

　　i．よくできたマヨネーズ（①-A）または市販のマヨネーズ大さじ 1 杯（15 ml）をボールにとり，その中に分離したマヨネーズを少量ずつ加えてよく撹拌する．

　　ii．分離したマヨネーズの油を丁寧に別のボールにとり分ける．残ったものに酢を 5 ml 加えてよく撹拌する．ここにとり分けた油を少量ずつ加えてよく撹拌する．

　　iii．ボールに卵黄 5 g をとり，分離したマヨネーズを少しずつ加えてよく撹拌する．

④ A，B，C，Dのマヨネーズを大さじ 1 杯ずつ白色の小皿にとり，平らにして食紅で色をつけた水と，油を 1 滴落とし，油と水の状態を観察する．

⑤ A，B，C，Dのマヨネーズを味わってみて，色，粘度，舌ざわり，口当たり，味などについて市販―A―Cは順位法により，A―B，B―Dは 2 点識別試験法により官能評価する．

　　注）ボールは，ガラス製，プラスチック製またはホウロウ引きのものを用いる．ステンレス製やアルミ製のボールは使用しない．

〈参考〉　油脂の乳化とエマルション

　油脂は水に溶けない．よくかき混ぜることにより細かい油滴あるいは水滴となり，一時的に水または油に分散した状態〔エマルション（乳濁液）〕となるが，油は水より比重が小さいので浮き上がり，放置しておくと二層に分離してしまう．安定したエマルションにするには，乳化剤が必要である．

　乳化剤は界面活性剤の一種で，水に溶ける親水基と油に溶ける親油基をもっている．前頁の図のように，乳化剤が油滴(A)または水滴(B)の表面に吸着されて粒子（分散相）の周りに一種の保護膜を作り，水または油（連続相）の中に分散する．(A)のエマルションを水中油滴型（O/W），(B)を油中水滴型（W/O）という．

　エマルションがどちらの型になるかは，おもに乳化剤の種類によって決まるが，水と油の量や撹拌方法などによっても左右される．

　マヨネーズは，卵黄に含まれるレシチン，リポたんぱく質などの乳化性の強い物質を利用した水中油滴型（O/W）のエマルションである．

実験 13-1 記録表

実験日（　　年　月　日）天候（　）室温（　℃）
所要時間（　　：　　〜　　：　　）
共同実験者・人数（氏名　　　　　　　　　　：　　名）

油脂の種類とエマルション

	色, におい	融 点（℃） / 凝固点（℃）	水の広がる状態（エマルション型の判定）	口当り
ラード				
バター			（　　型）	
マーガリン			（　　型）	
ショートニング				
サラダ油		✕		
マヨネーズ		✕	（　　型）	
生クリーム		✕	（　　型）	

考 察

実験 13-2-1 記録表

実験日（　　　年　月　日）天候（　　）室温（　　℃）
所要時間（　：　～　：　）
共同実験者・人数（氏名　　　　　　　　　　　　　　　：　　名）

マヨネーズ

	A（マヨネーズ）			
油の添加量	5 ml	50 ml	75 ml	100 ml
エマルションの状態				
顕微鏡観察（図示）（倍率）	(　)	(　)	(　)	(　)
	A（マヨネーズ）	B（マヨネーズ）	C（全卵マヨネーズ）	D（再生マヨネーズ）方法（ i ii iii ）
エマルションの状態				
顕微鏡観察（図示）（倍率）	(　)	(　)	(　)	(　)
水の広がる状態				
油の広がる状態				

※再生方法（ i ii iii ）何れかに○をつける．

考察

実験 13-2-2 記録表

実験日（　　年　月　日）天候（　）室温（　℃）
所要時間（　：　～　：　）
共同実験者・人数（氏名　　　　　　　　：　名）

マヨネーズの官能検査
〈順位法〉

項　目	市　販	A	C
色			
粘　度			
舌ざわり			
口当たり（おいしさ）			
総合評価			
特記事項			

マヨネーズとして色合い，粘度，口当たりなど，最も好ましいものを1として，順位をつける．

〈2点識別試験法〉

項　目	A	B	B	D
色				
粘度				
舌ざわり				
口当たり（おいしさ）				
総合評価				
特記事項				

AとB，BとDを比較して，マヨネーズの品質として好ましいと思われる方に○をつける．

考　察

課題

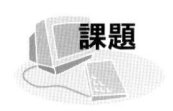

1. エマルションの種類と乳化剤を調べ，それを利用した食品例をあげなさい．
2. マヨネーズの調理要領をまとめなさい．

14. 野菜の調理性に関する実験

> **目的**：1. 細胞膜は半透性をもつため，生野菜が細胞液の浸透圧にしたがって吸水もしくは放水することを理解する．
> 2. 野菜に含まれる色素は，調理操作によって化学反応を起こし，その色調を変えることを理解する．

> **材料**：キャベツ 350 g，さやいんげん 5 本（もしくはほうれん草 5 枚），なす 1 個，れんこん（もしくは山芋）3 cm，ごぼう 1/2 本（約 120 g），レタス 1 枚，重曹 0.5 g（0.3 g＋0.2 g），みょうばん 0.7 g，食塩，食酢

> **器具**：ロート 4，ロート台 2，メスシリンダー（10 ml）4，ビーカー（200 ml）8，ビーカー（100 ml）5，はかり 1，セラミック金網，pH メーター（pH 試験紙），ストップウォッチ 1，ものさし（小），紙 1，その他一般調理器具

14-1 野菜の吸水・放水

① キャベツをスライサーで繊切りにする．
② 50 g ずつとって，A，B，C，D，E，F，G の 7 群に分け，それぞれボールに入れる．
③ A〜G の各群に**下表**に示した操作を行い，操作終了後，A〜C 群は，キャベツ重量を測定する．D〜G 群は，時間計測開始後，1 分，3 分，5 分，10 分，15 分，30 分後に，メスシリンダーにうけた液量を測定する．
④ A〜C 群は，それぞれに重量の 1 ％の食塩で調味し，風味・硬さなどを官能評価する．

〈キャベツの実験操作〉

群	実験操作
A	そのまま 15 分放置する．
B	そのまま 15 分放置後，キャベツ重量の 10 倍量の水をかけて，ざるで 2 分間水を切る．
C	キャベツ重量の 10 倍量の冷水（15℃以下）に 15 分間浸漬し，ざるで 2 分間水を切る．
D	キャベツ重量の 1 ％の食塩を加えて，よく混ぜ（同時に時間を計り始め），ロートに入れる．ロートをロート台に置き，メスシリンダーでうける．
E	キャベツ重量の 3 ％の食塩を加えて，以下，D と同じ操作を行う．
F	キャベツ重量の 5 ％の食塩を加えて，以下，D と同じ操作を行う．
G	食塩は加えずに，以下，D と同じ操作を行う．

14-2　クロロフィルの色調変化

① さやいんげんを3 cmの長さに切り，2本ずつ5組（ほうれん草を用いる場合は，葉1枚ずつ5組）に分ける．
② **下表**に示した溶液を200 mlのビーカーに入れ，その溶液のpHを測定した後，加熱する．
③ ②の沸騰液中にいんげん（ほうれん草）を入れて1分30秒間加熱し，水中にとって手早くさます．
④ 紙でいんげん（ほうれん草）の水気を切り，硬さ，色調および味の変化を観察する．

〈溶液の組成〉

	A	B	C	D	E
水 (g)	100	100	100	100	95
食塩 (g)	0	1	2	0	0
重曹 (g)	0	0	0	0.3	0
食酢 (g)	0	0	0	0	5

14-3　アントシアンの色調変化

① なすの皮をものさしで1×2×0.3（厚さ）cmに切りとったものを，3片ずつ5群に分ける．
② 100 mlのビーカーに，**下表**に示す溶液を作り，各液のpHを測定する．
③ それぞれの溶液を沸騰させてなすの皮を入れ，1分，3分，5分後に1片ずつ水にとり，紙で軽く水気を切る（火力は，沸騰が持続する程度に調節する）．
④ 紙に線をひいて③を並べる．
⑤ なすの皮の色と，液の色の特徴を記入し，皮の色の経時変化について順位法により官能評価する．

〈溶液の組成〉

	A	B	C	D	E
水 (g)	70	65	70	70	70
食酢 (g)	0	5	0	0	0
食塩 (g)	0	0	1.4	0	0
重曹 (g)	0	0	0	0.2	0
みょうばん (g)	0	0	0	0	0.7

14-4　酵素による褐変

① れんこんの皮を剝き，厚さ2 mmの輪切りを6枚作り，そのうち3枚は，そのまま放置する．残りの3枚は，大さじ1杯の酢を振りかけておく．30～60分後，両者の色を比較し，状態を記録して，褐変の程度を2点識別試験法により官能評価する．また，食酢のpHを測定しておく．

② レタスの葉1枚を2等分し，一方は手で一口大にちぎる．他方は5 mm幅に包丁で切る．30～60分後に切り口の色を比較し，①と同様に官能評価する．

③ ごぼうの皮を除き，ささがきにして重量を量る．ごぼうを3等分(約30 g)して200 mlビーカーに移し，何も加えない(A)，水70 gを加える(B)，水65 gに食酢5 g混和した液を加える(C)．この条件下に15分間放置したのち，ごぼうの色を観察し，順位法により官能評価する．(B)と(C)については，ごぼうに加える前に，あらかじめpHを測定しておく．

④ ③のビーカー(A)にも水70 gを加えて，それぞれのビーカーを加熱し，1分30秒間沸騰させて，③と同様に褐変の程度を比較する．

実験 14-1 記録表

実験日（　　　年　　月　　日）天候（　　）室温（　　℃）
所要時間（　　：　　～　　：　　）
共同実験者・人数（氏名　　　　　　　　　　　　：　　名）

野菜の吸水・放水

	キャベツ重量（g）		吸水量（ml）	吸水率（％）
	実験前	実験後		
A				
B				
C				

	食塩%	放水量（ml）					
		1分	3分	5分	10分	15分	30分
D	0						
E	1						
F	3						
G	5						

実験 14-2 記録表

実験日（　　　年　　月　　日）天候（　　）室温（　　℃）
所要時間（　：　　〜　　：　）
共同実験者・人数（氏名　　　　　　　　　　　　　　：　　名）

クロロフィルの色調変化

	A（水）	B（食塩1％）	C（食塩2％）	D（重曹0.3％）	E（食酢5％）
溶液のpH					
硬さ					
色					
味					

考察

実験 14-3 記録表

実験日（　　　年　　月　　日）天候（　　）室温（　　℃）
所要時間（　：　　〜　　：　）
共同実験者・人数（氏名　　　　　　　　　　　　　　：　　名）

アントシアンの色調変化

加熱時間			A（水）	B（食酢）	C（食塩）	D（重曹）	E（みょうばん）
溶液のpH							
1分	特徴	液の色					
		皮の色					
	皮の色						
3分	特徴	液の色					
		皮の色					
	皮の色						
5分	特徴	液の色					
		皮の色					
	皮の色						

最も濃いものを1として，順位をつける．

実験14-4 記録表

実験日（　　　年　　月　　日）天候（　　）室温（　　℃）
所要時間（　　：　　～　　：　　）
共同実験者・人数（氏名　　　　　　　　　　　　　　：　　名）

酵素による褐変

褐変	れんこん		レタス	
	対照	食酢	手	包丁
pH				
状態				
程度				

褐変の程度の大きい方に ○ をつける．

褐変	生ごぼう			加熱ごぼう		
	A(対照)	B(水)	C(食酢)	A(対照)	B(水)	C(食酢)
pH						
状態						
程度						

褐変の程度の最も大きいものを1として，順位をつける．

考察

課題

1. **実験14-1** D～Gの結果を，グラフに表しなさい．
2. **実験14-2** で，A～Eに色調の変化が生じた理由を述べ，この結果から青菜をゆでる要領を導きなさい．また，ゆでるとき鍋の蓋をしない理由も述べなさい．
3. **実験14-3** で，A～Eに色調変化が生じた理由を述べなさい．また，アントシアン系色素の色調変化を利用した調理例を3種類あげなさい．
4. 野菜の酵素による褐変について，具体例をあげ，褐変を防ぐ方法を述べなさい．

15. 果物の調理性に関する実験

目的：1. 果物はペクチンを含み，有機酸や砂糖との共同作用によりゲル化することを理解する．
2. ペクチン，有機酸，砂糖のそれぞれについて，ゲル化に適当な濃度があることを知る．
3. 果物の褐変と防止法について知る．

材料：りんご2個，レモン3～4個，その他の果物1個，砂糖100g，食塩，95％アルコール30ml，水酸化ナトリウム10％溶液20ml，クエン酸20％溶液20ml，L-アスコルビン酸400mg

器具：目盛り付き試験管8，試験管立て1，ビーカー (50ml，100～200ml) 各4，駒込ピペット3，グラス3，温度計 (200°C) 1，pHメーター (pH試験紙)，はかり1，おろし器1，布きん，ボール，ミキサー，その他一般調理器具

15-1 果物のペクチンとゲル化

① りんご果肉（皮なし）30gをおろし器ですりおろし，布きんで絞って果汁をとる（A）．絞った果汁を試験管に5ml入れ，これにアルコール5mlを入れてペクチンの状態を観察する．
② 各果物の皮を剥いたのち薄切りにして鍋に100gとり，水100gを加えて加熱（弱火15分間）し，重量を量る．これを布きんに包んで絞り，とれた汁を冷まして①と同様に5mlを試験管にとり，アルコールを加えて観察する（B, C, D）．
③ 以上の汁のペクチン量について，多いものからおよその順位を記録する．
　　〈参考〉　さらにろ紙でこし，蒸発乾固させると粗ペクチン量が求められる．
④ 残りのそれぞれの汁のpHを調べて記録し，重さを量った50mlのビーカーに15gずつとり，それぞれに砂糖を15gずつ加えて火にかけ，105°Cになるまで煮つめる．これを10°C以下に1時間放置してゲル化の状態を比較し，最もよいものから順位を記録する．また，最終重量を量って砂糖濃度も記録する．
　　〈備考〉　ペクチンの多少を知るためのアルコールテスト：ペクチン質にアルコールのような脱水剤を加えると，凝固を起こす性質を利用する．

ⓐ 含量多い……全体がゼリー状になる．
ⓑ 含量中くらい……ゼリー状のものが液中に浮遊する．
ⓒ 含量少ない……少量の沈澱がある．または，まったく生じない．

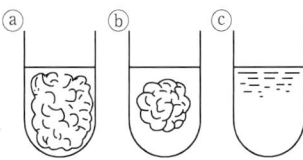

15-2　果汁のゲル化とペクチン・酸・糖の濃度

① B，C，Dの残りの汁を全部一緒にし，よくかき混ぜる．
② ①から1/4をとって重量を量り(x g)，酸またはアルカリを加えてpH 3に調整したのち，x gの砂糖を加えて105℃になるまで加熱し，重量を量って(y g)，試験管に入れて冷やす(E)．
③ ①からx gをとってpH 5に調整後，x gの砂糖を加えて105℃になるまで加熱し，試験管に入れて冷やす(F)．
④ ①からx gをとって水x/2 gを加え，pH 3に調整後x/2 gの砂糖を加えてy gになるまで加熱し，試験管に入れて冷やす(G)．
⑤ ①からx/2 gをとり，水x/2 gを加えてpH 3に調整後，x gの砂糖を加えて105℃になるまで加熱し，試験管に入れて冷やす(H)．
⑥ E〜Hのゲル化のよいものから順位をつけ，EとH(ペクチン濃度の違い)，EとF(酸度の違い)，EとG(糖度の違い)を比較観察し，考察する．
　　注）加熱の際，ふきこぼれやすいので注意する．ビーカーも，大きめのものを用いるとよい．

15-3　果物の褐変と防止法

① りんご1/2個は放射状の3つ割りにして皮と芯を除き，いちょう切りにしてa，b，cとする．aはそのまま，bは水，cは1％食塩水につけ，15分後の色の変化を観察し，褐変の少ない方から順位をつける．
② りんご1/2の皮と芯を除き，おろし金でおろして布きんでこす．
③ ②を3等分してd，e，fとし，dはそのまま，eにはL-アスコルビン酸400 mgを入れてよくかき混ぜる．fにはレモン汁を褐変がとれるまで(eと同程度になるまで)少しずつ加え，添加したレモン汁の量を計る．
④ d，e，fの褐変状態を観察し，官能評価する．

〈参考〉　果物のペクチン質と酸の含有率（福場博保他：調理学．朝倉書店，1982．）

ペクチン質	酸	果　　物
多　1％内外	多 0.8〜1.2％	りんご，レモン，オレンジ，すもも
多　1％内外	小 0.1％	いちじく，もも，バナナ
中 0.7％内外	中 0.4％	ぶどう，びわ，熟したりんご
少 0.5％以下	多 1.0％	いちご，あんず
少 0.5％以下	少 0.1％	なし，かき，熟したもも

実験 15-1 記録表

実験日（　　年　月　日）天候（　）室温（　℃）
所要時間（　：　～　：　）
共同実験者・人数（氏名　　　　　　　　：　名）

果物のペクチンとゲル化

果汁の種類	A(りんご生果汁)	B(りんご)	C(レモン)	D(　　)
加熱後の重量(g)				
ペクチンの状態				
ペクチン量順位				
pH				
最終重量(g)				
砂糖濃度(%)				
ゲル化順位				

最も硬いゲルを1として，順位をつける．

考察

実験 15-2 記録表

実験日（　　年　月　　日）天候（　　）室温（　　℃）
所要時間（　：　～　：　）
共同実験者・人数（氏名　　　　　　　　　：　　名）

果汁のゲル化と，ペクチン・酸・糖の濃度　　　　x=（　）g, y=（　）g

	E	F	G	H
ペクチン濃度（Eを1とする）	1	1	1	0.5
酸度（pH）	3	5	3	3
糖度（％）	65	65	約35	65
ゲル化順位				

最も硬いゲルを1として，順位をつける．

考察

実験 15-3-1 記録表

実験日（　　年　月　　日）天候（　　）室温（　　℃）
所要時間（　：　～　：　）
共同実験者・人数（氏名　　　　　　　　　：　　名）

果物の褐変と防止法〈りんごの切断後の処置と褐変〉

処　置	褐変状態	褐変の順位
a．放　置		
b．水に浸漬		
c．1％食塩水に浸漬		

最も褐変が少ないものを1として，順位をつける．

考察

実験 15-3-2 記録表

実験日（　　　年　　月　　日）天候（　　）室温（　　℃）
所要時間（　　：　　〜　　：　　）
共同実験者・人数（氏名　　　　　　　　　　　　　：　　名）

果物の褐変と防止法〈りんごの磨砕後の処置と褐変〉

処　置	褐変状態	食　味	総合評価
d. そのまま			
e. L-アスコルビン酸添加			
f. レモン汁添加（　）g			

最も好ましいものを1として，順位をつける．

考　察

課題

1．果物をジャムやゼリーにする場合の，好ましい条件を述べなさい．
2．果物の褐変防止法をまとめなさい．

16. 寒天・ゼラチンの調理性に関する実験

目的：1. 寒天，カラギーナン，ゼラチンのゲルについて，それらの性質やテクスチャーの違いを知る．
2. ゲルの物性に及ぼす砂糖，牛乳，酸，たんぱく質分解酵素の影響を観察する．

材料：角寒天6 g，カラギーナン6 g，ゼラチン12 g，粉寒天2 g，砂糖250 g，牛乳40 g，レモン汁40 g，キウイフルーツ2個

器具：はかり，ビーカー（200 ml）13，温度計，カードメーター，ろ紙，ミキサー，ガーゼ，セラミック金網，プリン型，その他一般調理器具

16-1 寒天ゲルに及ぼす砂糖の影響

① 角寒天を1 gずつ200 mlのビーカーA，B，Cに入れてさっと洗い，それぞれに水150 gを加えて15分間放置する．
② 鍋の重量を量り，ビーカーAを移し加熱する．沸騰後火を弱め，仕上がり重量が100 gになるまで加熱する．ビーカーB，Cについてもそれぞれ鍋に移し，寒天が溶けるまで約5分間加熱する．砂糖をビーカーBに20 g(20％)，ビーカーCに30 g(30％)加え，ビーカーAと同様にして100 gに仕上げる．
③ ビーカーA，B，Cの寒天液を，それぞれ40 gずつ2つのプリン型に入れ，水冷する．
④ 固まったらゲルを型から出し，カードメーターで硬さと破断強度を測定する．
⑤ もう一方のゲルは小皿にろ紙を敷き（重量を量っておく）とり出し，ゲルの重量を計量後，ゲルの透明度を比較する．
⑥ ゲルを4つ割りにし，大きめのビーカーをふせておく．30分後にゲルを別の容器にとり，小皿とろ紙の重量を量り，離漿量と離漿率を算出する．
⑦ ゲルを食味して，硬さと舌ざわりについて順位法により官能評価する．
　　注）離漿率(％)＝(離漿量／ゲルの重量)×100

16-2 寒天ゲルに及ぼすレモン汁の影響

① 角寒天を1 gずつ200 mlのビーカーA，B，Cに入れてさっと洗い，水を150 gずつ

加えて 15 分間膨潤させる．それぞれの寒天を加熱溶解させ，次のように処理してから水冷する．

　　A：砂糖 20 g を加え，100 g になるまで加熱する．
　　B：砂糖 20 g を加えて 80 g に煮つめ，約 70℃ に冷ましてレモン汁 20 g を加え，よく攪拌する．
　　C：砂糖 20 g とレモン汁 20 g を加え，100 g になるまで加熱する．

② 寒天ゲル A，B，C について色，香りなどの特徴を記入し，硬さと舌ざわりについて順位法により官能評価する．

16-3　カラギーナンゲルに及ぼす牛乳の影響

① 200 ml のビーカー A，B にカラギーナンを 3 g，砂糖を 20 g ずつとり，よく混ぜ，次のような処理をする．

　　A：水 80 g を加えてよく混ぜる．
　　B：水 40 g を加えてよく混ぜ，さらに牛乳を 40 g 加える．

② セラミック金網を敷いたコンロの上に置き，中火で攪拌しながら 80℃ になるまで加熱し，80℃ を 5 分間保つ．

③ 加熱後，水で 100 g に調整して 40 g ずつ 2 つのプリン型に入れ，水冷する．

④ ゲルの特徴を記入し，硬さと舌ざわりについて，2 点識別試験法により官能評価する．

16-4　ゼラチンゲルに及ぼすたんぱく質分解酵素の影響

① 16 g の水を入れた 200 ml のビーカー A～E を準備し，A，B，C には粉ゼラチンを 4 g ずつ，D，E には粉寒天を 1 g ずつ加えて攪拌し，10 分間放置する．

② キウイフルーツをミキサーにかけて布きんで絞り，その汁を 2 等分して重さを量り，一方を 100℃ に加熱し蒸発量を測定し，蒸留水で元の重さにする．これらの汁を加熱汁，生汁とする．

③ それぞれのビーカーについて，次のような処理を行う．

　　A：水 60 g を加え，60℃ の湯せんでゼラチンを溶かし，砂糖 20 g を加えてさらに溶かす．
　　B：水 30 g を加え，A と同様に加熱溶解させたのち，約 40℃ に冷やして生汁 30 g を加え攪拌する．砂糖 20 g を加えて溶かす．
　　C：水 30 g を加え，B と同様に約 40℃ に冷やしたゼラチン溶液に，加熱汁 30 g を加え攪拌する．砂糖 20 g を加えて溶かす．
　　D：水 63 g を加え，セラミック金網を敷いたコンロに置き，加熱溶解させ，砂糖 20 g を加えて 100 g に仕上げる．
　　E：水 33 g を加え，D と同様に加熱溶解させたのち，約 60℃ に冷やして生汁 30 g を加え，砂糖 20 g を加えて 100 g に仕上げる．

④ ゼラチンゲルは冷蔵庫で，寒天ゲルは水で冷やす．
⑤ それぞれのゲルの特徴を記入し，硬さと舌ざわりについて，順位法により官能評価する．
⑥ **実験 16-1-B，実験 16-4-D，A および実験 16-3-A** についてテクスチャーの特徴を記入し，硬さと舌ざわりについて順位法により官能評価する．

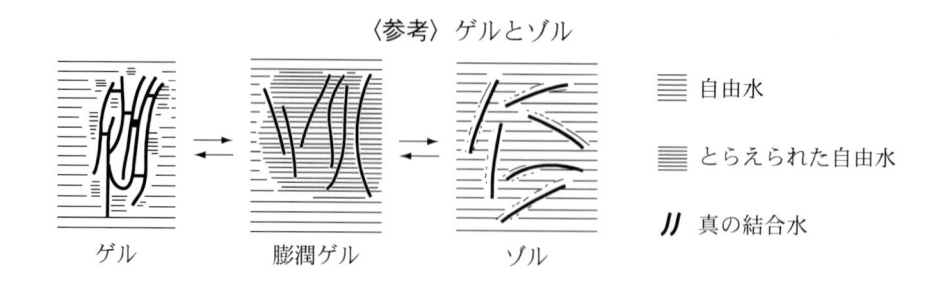

〈参考〉ゲルとゾル

ゲル ⇄ 膨潤ゲル ⇄ ゾル

≡ 自由水
≡ とらえられた自由水
∥ 真の結合水

メ モ

16. 寒天・ゼラチンの調理性に関する実験

実験 16-1 記録表

実験日（　　年　月　　日）天候（　　）室温（　　℃）
所要時間（　　：　　～　　：　　）
共同実験者・人数（氏名　　　　　　　　　　　：　　名）

寒天ゲルに及ぼす砂糖の影響

	A（砂糖0％）	B（砂糖20％）	C（砂糖30％）
硬さ			
破断強度			
離漿量(g)			
離漿率(％)			
官能評価 透明度			
官能評価 硬さ			
官能評価 舌ざわり			

最も透明度の高いもの，硬いもの，舌ざわりのよいものを1として，順位をつける．

実験 16-2 記録表

実験日（　　年　月　　日）天候（　　）室温（　　℃）
所要時間（　　：　　～　　：　　）
共同実験者・人数（氏名　　　　　　　　　　　：　　名）

寒天ゲルに及ぼすレモン汁の影響

	A（レモン汁無し）	B（寒天液70℃＋レモン汁）	C（寒天液100℃＋レモン汁）
特徴			
硬さ			
舌ざわり			

最も硬いもの，舌ざわりのよいものを1として，順位をつける．

考察

実験 16-3 記録表

実験日（　　　年　　月　　日）天候（　　）室温（　　℃）
所要時間（　　：　　～　　：　　）
共同実験者・人数（氏名　　　　　　　　　　　　：　　名）

カラギーナンゲルに及ぼす牛乳の影響

	A（牛乳0％）	B（牛乳40％）
特　徴		
硬　さ		
舌ざわり		

硬い方，舌ざわりのよい方に，○をつける．

実験 16-4 記録表

実験日（　　　年　　月　　日）天候（　　）室温（　　℃）
所要時間（　　：　　～　　：　　）
共同実験者・人数（氏名　　　　　　　　　　　　：　　名）

ゼラチンゲルに及ぼすたんぱく質分解酵素の影響

	A（ゼラチンのみ）	B（生汁添加）	C（加熱汁添加）	D（粉寒天のみ）	E（生汁添加）
特　徴					
硬　さ					
舌ざわり					

最も硬いもの，舌ざわりのよいものを1として，順位をつける．

〈各種ゲルの特徴〉

	1-B（角寒天）	4-D（粉寒天）	4-A（ゼラチン）	3-A（カラギーナン）
特　徴				
硬　さ				
舌ざわり				

最も硬いもの，舌ざわりのよいものを1として，順位をつける．

考　察

課題

1. 寒天，ゼラチン，カラギーナンのゲルの特徴をまとめ比較しなさい．
2. ゲルの性状に及ぼす砂糖，牛乳，有機酸の影響をまとめなさい．
3. 比重が異なる副材料(例：起泡卵白，あん)を混ぜて均一なゲルを作るには，どうしたらよいか考えなさい．

17. だし汁に関する実験

目的：
1. だし材料の種類によるうま味の出し方の相違と，うま味の特徴を知る．
2. 和風だしと洋風だしの，材料や風味の相違を知る．
3. 煮干しのだし汁が，みそ汁に用いられる理由を確認する．

材料：かつお節 12 g (8 g + 4 g)，こんぶ 6 g (4 g + 2 g)，煮干し 30 g，風味調味料 2 g，鳥がら 100 g，牛すね肉 60 g，たまねぎ 50 g，セロリー 5 g，にんじん 15 g，キャベツ 20 g，固型コンソメ 1/2 個，しょうゆ 1 g，みそ 16 g，食塩

器具：ビーカー (200〜300 ml) 10，温度計，pH メーター，和紙，汁椀，こし器，布きん，塩分濃度計，その他一般調理器具

17-1 種々のだし汁の調製法と風味

① 次の各だし汁を調製し，汁の減量および 1 椀 150 g 分の価格を記録する．

A．かつおだし（一番だし）
1. 小鍋に水 200 g を入れて火にかけ，沸騰させる．
2. かつお節 8 g を入れて火力を弱め，菜箸で全体に散らして，微沸騰を 30 秒間続けたのち，消火して火からおろす．
3. かつお節が沈んだら（2 分後）上澄みを絞った布きんでこす（押さえないこと）．かつお節は別の器に入れておき，二番だしに使用する．
4. 汁の減量を算出して 200 g に調整し，食塩 1.2 g を加えよく混ぜる．

B．昆布だし
1. 小鍋に水 200 g と表面を拭いたこんぶ 4 g を入れ，30 分間おいて中火で加熱する．
2. 沸騰直前に，こんぶをとり出す．
3. 減量を算出して 200 g に調整し，食塩 1.2 g を加えて混ぜる．

C．混合だし
1. 小鍋に水 200 g とこんぶ 2 g を入れ，30 分間おいて中火で加熱する．沸騰直前に，こんぶをとり出す．
2. かつお節 4 g を入れ，A-2，3 と同じ要領でだし汁をとり，減量を算出し 200 g に調整して，食塩 1.2 g を加えて混ぜる．

D．かつお二番だし

1. A，Cのだしがら（かつお節のみ）を合わせ，水*150 gを加えて火にかける．
2. 微沸騰3分後に火をとめる．A-3の要領でだし汁をとり，減量を算出して150 gに調整し，食塩0.9 gを加えて混ぜる．

   *水の量はかつお一番だしの1/2量，混合だしの1/4量とする．

E．煮干しだし

1. 小鍋に水600 gと頭と腹わたをとった煮干し18 gを入れ，30分間おいて加熱する．
2. 微沸騰3分後，火からおろして上澄みをとる．
3. 上澄液を600 gに調整し，このうち200 gをとり食塩1.2 gを加えて混ぜる．

F．風味調味料だし

1. 小鍋に水200 gを入れて加熱沸騰させ，風味調味料2 gを加えて消火する．
2. 以後はB-3と同じである．

G．肉，骨ストック

1. 鳥がら100 gはぶつ切りにし，熱湯に入れて直ちに引き上げ（霜ふり），不要物を除く．牛すね肉60 gは，繊維に直角に薄切りする．
2. 水300 gに1を入れて30分おき，食塩1.8 gの約1/3を加えて強火で加熱する．
3. 沸騰後は微沸騰を45分間続けながらあくを除き，こして火にかけ，和紙を用いて浮いた油を除く．
4. 減量を算出して300 gに調整し，残りの食塩を加えて混ぜる．

H．野菜ストック

1. たまねぎ50 g，セロリー5 g，にんじん15 g，キャベツ20 gはすべて薄切りにする．
2. これらを水300 gに入れて強火で加熱し，沸騰後はあくを除きながら微沸騰を30分間続け，こし器を用いてかすを除く．
3. 減量を算出して300 gに調整し，食塩1.8 gを加えて混ぜる．

I．肉，骨，野菜ストック

G，Hのストックを，それぞれ100 gずつ合わせる．

J．スープの素ストック

小鍋に水200 gを入れ，これに固型コンソメ1/2個の重さを量ってから加え，加熱溶解し，200 gに調整する．

② だし汁をとったあとのだしがらも重量を量り，最初の材料に対する割合(%)を出す．

③ A〜Jの汁をそれぞれ65±2℃に保ち，官能評価により香り，うま味，透明度などの特徴を調べる．また香りとうま味を，〔A，B，C，F〕と〔G，H，I，J〕については順位法で，〔A，D〕については2点比較法で評価する．

④ 各だしがらについても，味などの特徴を記録する．

⑤ だし汁を50℃以下に冷まし，pHをpHメーターを用いて測定する．

注1）だし汁の種類が多いため，A〜Jを班ごとに分担してまとめて調製するとよい．ただし，官能評価は各班各自で行う．

⑥ だし汁の塩分濃度を塩分濃度計を用いて測定する．

17-2 煮干しだしを用いた汁物

① 実験17-1の①-Eで調製した煮干しだしが熱いうちに200gずつ汁椀にとり，一方には食塩0.7％としょうゆ0.5％を入れ(イ)，他方にはみそ8％を入れる(ロ)．
② 香り(生ぐささ)と汁物としてのおいしさを，(イ)と(ロ)で比較する．
③ (イ)，(ロ)の塩分濃度を塩分濃度計を用いて測定する．

実験17-1 記録表

実験日（　　　年　月　日）天候（　）室温（　℃）
所要時間（　：　〜　：　）
共同実験者・人数（氏名　　　　　　　　：　名）

種々のだしの調製法と風味

		だ し 材 料		だ し		
	種　類	使 用 量		減　量		価　格 1椀150g
		重　量(a)	水(b)に対し	重量(c)	c/b	
和風だし	A(かつお節)	8 g	％	g	％	円
	B(こんぶ)	4				
	C(こんぶ・かつお節)	2・4				
	D(かつおだしがら)	12				
	E(煮干し)	18				
	F(風味調味料)	2				
洋風だし	G(骨・肉)	100・60				
	H(野　菜)	90				
	I(骨・肉・野菜)	100・60・90				
	J(スープの素)	(　　)				

風味の比較　〈和風だし〉

	香　り	うま味
A(かつおだし)		
B(こんぶだし)		
C(混合だし)		
F(風味調味料だし)		

最も香りの好ましいもの，うま味の強いものを1として，順位をつける．

風味の比較　〈洋風だし〉

	香り	うま味
G（骨・肉）		
H（野　菜）		
I（骨・肉・野菜）		
J（スープの素）		

最も香りの好ましいもの，うま味の強いものを1として，順位をつける．

汁			だしがら		
特徴（香り，うま味，透明度，他）	塩分濃度(%)	pH	残量		特徴（味,他）
			重量(d)	d/a	
			g	%	

風味の比較　〈一番だしと二番だし〉

	香り	うま味
A（かつおだし〔一番だし〕）		
D（かつお二番だし）		

香りの好ましい方，うま味の強い方に○をつける．

考察

考 察

実験 17-2 記録表

実験日（　　　年　月　　日）天候（　　）室温（　　℃）
所要時間（　　：　　～　　：　　）
共同実験者・人数（氏名　　　　　　　　　　　　　：　　名）

煮干しだしを用いた汁物

	香　り	塩分濃度(%)	総合評価
イ(すまし汁)			
ロ(みそ汁)			

香りの好ましい方，総合的に好ましい方に ○ をつける．

考察

課題

1．だしの種類と用途，また，それぞれの調理要領をまとめなさい．
2．それぞれのだしの，うま味成分について調べなさい．

18. 食品の物性に関する実験（食品の物性測定）

目的：食品のおいしさには，テクスチャーが深く関わっている．テクスチャーとは，食品の外観や触感，食品を口の中に入れたときに感じる，硬さ，粘り，もろさなどを感覚的に人が評価するものである．この感覚を機器で測定して数量化し，客観的に評価することができる．ここでは，食品のテクスチャーをテクスチャーアナライザー〔英弘精機㈱〕で測定し，その結果を解析する．また，B型回転粘度計を用いて，食品の粘度を測定する．

材料：米飯 50 g，レトルト粥 180 ml，食パン 1 枚，レトルトポタージュ 180 ml

器具：直径 40 mm 深さ 20 mm の金属製カップ，直径 20 mm のプランジャー，テクスチャーアナライザー，トールビーカー（100 ml）2，B型回転粘度計

18-1 食品による硬さ，付着性，凝集性の違い

① 米飯あるいはレトルト粥をカップに 1.5 cm の深さに平らにつめる．
② テクスチャーアナライザーにかける．食パンはそのままかける．
　測定条件：クリアランス 5 mm，速度 100 mm/秒，直径 20 mm プランジャー
③ 測定項目：硬さ（破断応力），凝集性（米飯と食パンのみ），付着性

18-2 レトルト粥，レトルトポタージュの粘度

① トールビーカーにレトルト粥あるいはレトルトポタージュを入れ，粘度計の円筒を入れる．
② 粘度計を一定速度で回転させると，円筒は抵抗を受ける．円筒がうける粘性抵抗のトルクをスプリングとつりあわせ，その角度を読みとる．

18. 食品物性に関する実験（食品の物性測定） 117

（粘性とは）

水，油などのような流体中に棒を入れて動かそうとすると，流体はそれに対して抵抗力を示す．この抵抗力を示す性質を流体の粘性という．

（Ｂ型回転粘度計）

液体のなかで，モーターを回転させると，スプリングを通して円筒に回転が伝わる．円筒は液体の粘性により，抵抗をうける．円筒がうける粘性抵抗のトルク（偶力）とスプリングのねじれによるトルクがつりあう角度だけ円筒の回転力が遅れる．この遅れの角度は液体の粘度に比例する．この遅れの角度を測定することにより，粘度を測ることができる．

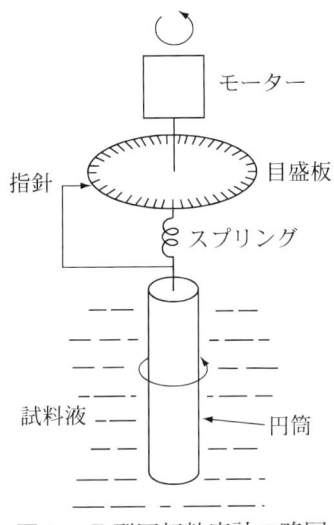

図１　Ｂ型回転粘度計の略図

〈参考〉

食品に力を加えて変形させ続けると，食品には歪みが生じ，ついには壊れる．この現象を破断という．食品が変形して歪みを生じ，破断するまでの歪みと力の関係を，テクスチャーアナライザーなどの物性測定機器を使って曲線に表わすことができる．その曲線から食品の破断現象を分析すると，食品の硬さや歪みや付着性などの物性を客観的に評価することができる．

食品などの物体に一定の力を加えたとき，単位面積（１平方メートル）当たりに作用する力の大きさのことを応力といい，単位はＮ（ニュートン）/m^{2}である．１Ｎ（ニュートン）は質量が１kgの物体に作用して，１m/s^{2}の加速度を生じさせるような力の大きさを意味する．食品に力を加えて，食品破断したときの応力を破断応力という．物性測定機器のプランジャーで食品に力を加える場合，プランジャーの面積を破断面積として面積当たりの応力を算出する．

〈テクスチャーの解析例〉

1) 硬さ（1回目の咀嚼に要した力を示す）
   1回目の最大ピーク　h_1
   計算例；硬さ（N/m²）＝記録表の数値（g）×0.0098÷0.00031416（プランジャー断面積）
2) 凝集性（食品内部の結合力を示す）
   A_2（2回目のピーク面積）÷A_1（1回目のピーク面積）
3) 付着性（プランジャーに試料が付着して引っ張られる力を示し，食品をつぶしたときの粘りに関係する）
   y軸のマイナス方向に描かれたピークの面積 A_3（単位；gf・mm）
4) もろさ（食品の破砕するときの砕けやすさ）
   破断点と次の谷との差　h_2　計算式は1）に同じ
5) ガム性（半固形状食品を飲み込める状態にまで砕くのに必要なエネルギー
   硬さ×凝集性　$h_1 \times (A_2/A_1)$

〈テクスチャー曲線例〉

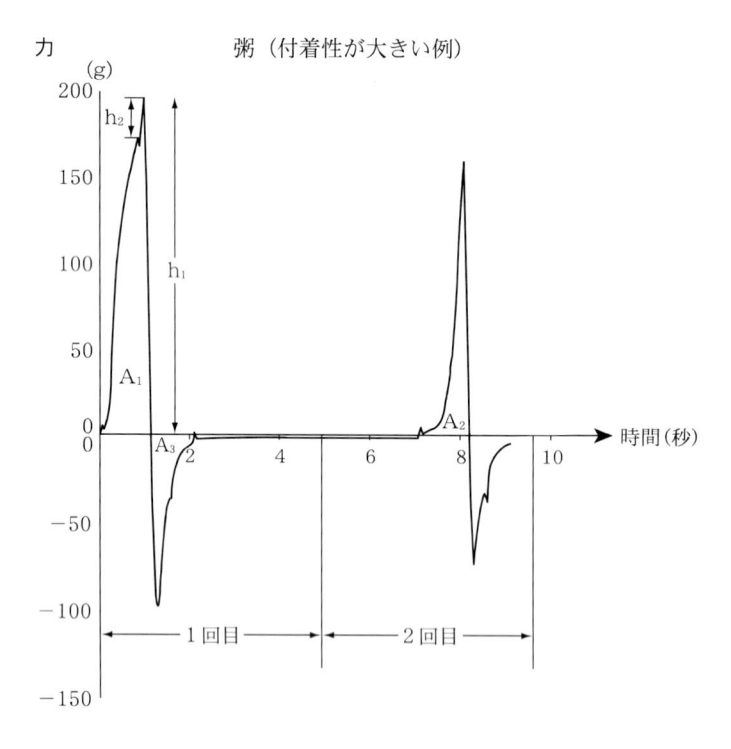

粥（付着性が大きい例）

18．食品物性に関する実験（食品の物性測定）

米飯

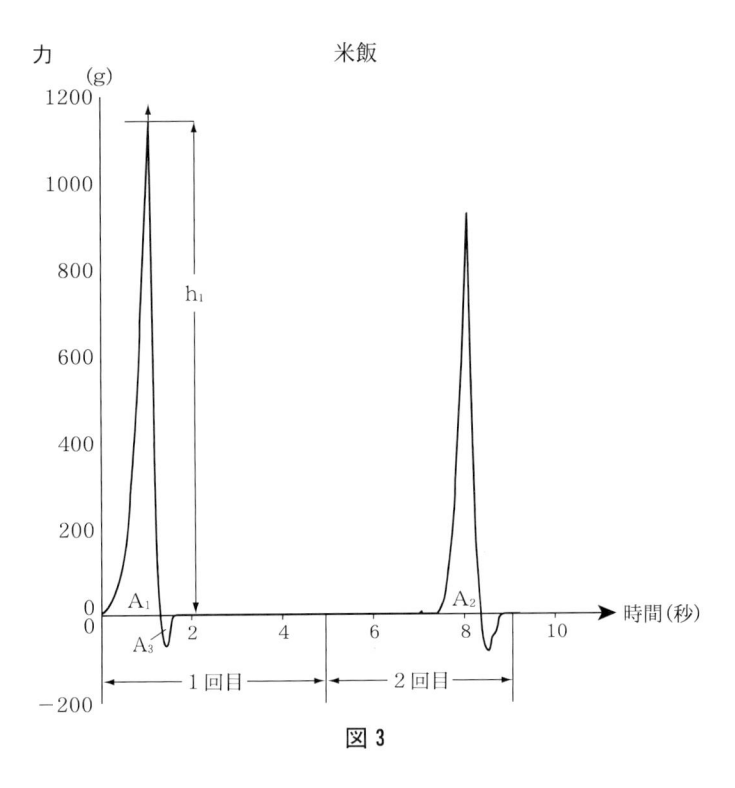

図3

カステラ（付着性が小さい例）

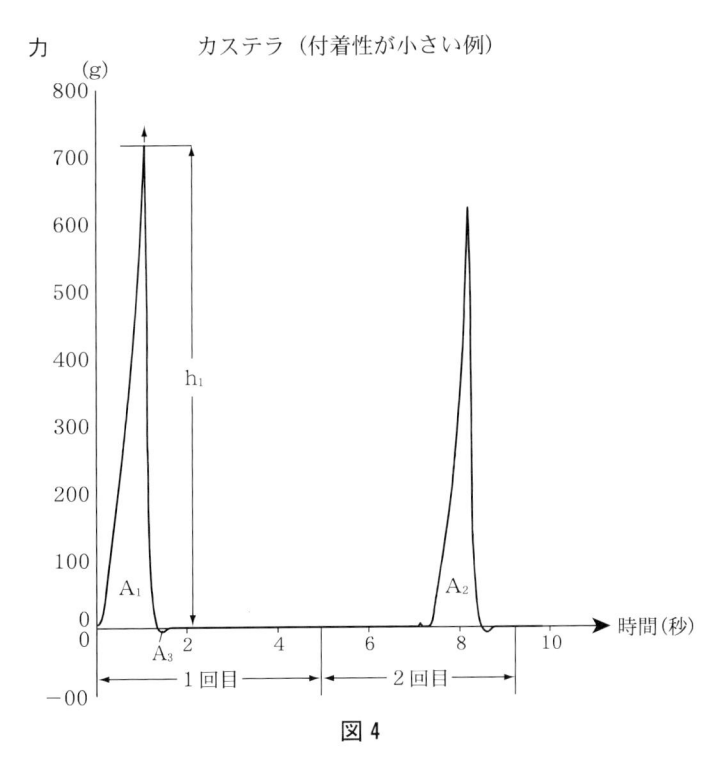

図4

実験 18-1 記録表

実験日（　　　年　　月　　日）天候（　　）室温（　　℃）
所要時間（　　：　　〜　　：　　）
共同実験者・人数（氏名　　　　　　　　　　　　　　：　　名）

食品による硬さ，付着性，凝集性の違い

食品	硬さ（N/m²）	付着性（gf·mm）	凝集性
ご飯			
レトルト粥			
食パン			

注）測定結果を添付すること．

実験 18-2 記録表

実験日（　　　年　　月　　日）天候（　　）室温（　　℃）
所要時間（　　：　　〜　　：　　）
共同実験者・人数（氏名　　　　　　　　　　　　　　：　　名）

レトルト粥，レトルトポタージュの粘度

食　品	測定値	粘度（Pa.·s）
レトルト粥		
レトルトポタージュ		

（粘度の算出法）

　1分間における回転数 N_1, N_2, ……．N_1を変えたときの指示値 θ_1, θ_2, ……．θ_1 から，測定しようとする試料の粘度 η は次式によって計算する．

$$\eta = K_0 \cdot \theta_1 / N_1$$

単位は Pa.·s（パスカル・秒）

　（K_0：計器定数，粘度計の種類，ローターの種類によって決まる換算乗数）
　粘度＝流れに抵抗する力

考察

18. 食品物性に関する実験（食品の物性測定）

〈参考〉

　厚生労働省は高齢者の十分な栄養摂取と，咀嚼・嚥下障害をもつ人への対応を主旨として1994年に定めた「特別用途食品」高齢者食品群別許可基準を見直し，2009年に「特別用途食品」えん下困難者用食品許可基準を示した．この新しい基準は，重症度に対応した3つの段階を，硬さ，付着性，凝集性の3要素で評価するものである．測定した粥やポタージュの実測値と比較してみよう．

特別用途食品えん下困難者用食品許可基準

規格※1	許可基準Ⅰ※2	許可基準Ⅱ※3	許可基準Ⅲ※4
硬さ （一定速度で圧縮したときの抵抗） （N/m²）	$2.5\times10^3 \sim 1\times10^4$	$1\times10^3 \sim 1.5\times10^4$	$3\times10^2 \sim 2\times10^4$
付着性（J/m³）	4×10^2 以下	1×10^3 以下	1.5×10^3 以下
凝集性	$0.2\sim0.6$	$0.2\sim0.9$	―

※1　常温及び喫食の目安となる温度のいずれの条件であっても規格基準の範囲内であること．
※2　均質なもの（例えば，ゼリー状の食品）．
※3　均質なもの（例えば，ゼリー状又はムース状等の食品）．ただし，許可基準Ⅰを満たすものを除く．
※4　不均質なものも含む(例えば，まとまりのよいおかゆ，やわらかいペースト状又はゼリー寄せ等の食品)．ただし，許可基準Ⅰ又は許可基準Ⅱを満たすものを除く．

課題

1．次の物性を表す用語の意味を調べて，書きなさい．
　　食品による硬さ，付着性，擬集性，粘度
2．粥の種類をあげ，その調製方法を述べなさい．

19. 介護食に関する実験

目的：1. 嚥下が困難な人の飲み込みやすさに関する要素を理解する．
2. 咀嚼や嚥下が困難な人に提供できる安定したテクスチャー（咀嚼しやすい硬さかどうか，口の中でまとまりやすいか，飲み込みやすいか）について理解する．
3. 介護食用として市販されている寒天，カラギーナン製剤，ゼラチンを用いて調製したゼリー状食品の飲み込み特性や咀嚼性について検討する．

材料：介護食用ソフト寒天〔伊那食品工業㈱〕2 g，介護食用寒天〔伊那食品工業㈱〕3.4 g（2 g+1.4 g），カラギーナン製剤〔パールアガー8：㈱富士商事〕9 g，ゼラチンパウダー7 g，イオン飲料（ポカリスエットその他）600 ml，蒸留水900 ml

器具：ビーカー（200 ml）12，メスシリンダー（200 ml）1，メスシリンダー（100 ml）1，はかり（小数点第1位まで測定可能なもの）1，ガラス棒9，温度計（100℃）9，泡立て器1，セラミック金網，ラップ，スプーン，その他一般調理器具
選択準備器具⇒テクスチャー測定機器を使用しない場合：ビーカー（100 ml）9，白色の皿（大）3，
⇒テクスチャー測定機器を使用する場合：テクスチャー測定装置一式，直径2 cmの円板型プランジャー1，直径4 cmのテクスチャー測定専用付属部品9

19-1 とろみ汁の飲み込み特性

① イオン飲料600 ml を約80℃に温め，介護食用寒天2 gと介護食用ソフト寒天2 gを加える．
② 泡立て器で1～2分間撹拌して寒天の粉を完全に溶解する．
③ 200 ml のビーカー3個に各200 ml ずつ②を流し入れて固める．
④ 常温で固まるが，氷水を用いて冷やし固めてもよい．ただし，その際は温度を測定しながら1個は50℃，1個は20℃，1個は5℃に仕上げること．
⑤ でき上がった3種類のとろみ汁（イオン飲料）について，口当たりがなめらかである

か，ソフトにまとまっているか，テクスチャーは好ましいか，飲み込みやすいかなどを考慮して順位法で官能評価する．

> 備考：粘度計がある場合は，粘度測定を行い3種類のとろみ剤の粘性について比較してもよい．

19-2 ゲル化剤の添加濃度の違いとゼリーの硬さ

① 下表に記載した3種類の市販ゲル化剤を用いて各々3段階濃度の試料を調製する．すなわち，200 mlのビーカーに蒸留水100 mlを入れたものを9個準備し，各市販ゲル化剤を下表の分量だけ，ガラス棒で撹拌しながら徐々に添加して，十分に（約10分間）膨潤させる．

市販ゲル化剤	介護食用寒天	カラギーナン製剤	ゼラチンパウダー
添加濃度 (W/V%)	0.2	2.0	1.0
	0.4	3.0	2.0
	0.8	4.0	4.0

② コンロにセラミック金網を敷き①のビーカー内をガラス棒で撹拌しながら透明になるまで加熱する．

> 備考：電子レンジを用いる場合は次の方法で行う．
> 蒸留水とゲル化剤の入ったビーカーにラップし，介護食用寒天とカラギーナン製剤は電子レンジ500 Wで約3分間加熱しガラス棒で撹拌して溶かす．
> ゼラチンパウダーは500 Wで約2分間加熱したのち，同様の操作を行う．

③ ②をそれぞれ約60°Cにする．

④ 測定容器（テクスチャー測定機器がない場合は100 mlのビーカーを用い，内部を蒸留水で湿らしておく）に③を表面が水平になるように注意して1.5 cm（テクスチャー測定機器を使用しない場合は50 mlの目盛りまで）の厚さになるように入れ，氷水で30分間冷却する．

⑤ テクスチャー測定機器がない場合は，ⓐを実施し，テクスチャー測定機器がある場合は，ⓑを実施する．
　ⓐ ゼリーをビーカーから白い皿にとり出し，観察して記録表に記入する．
　ⓑ **実験18-1**のテクスチャー測定方法で，直径2 cmの円板型プランジャーを用い，圧縮速度1 cm/秒，圧縮量1 cm（クリアランス0.5 cm）に設定し，テクスチャー測定を行う．

| 実験 19-1 記録表 | 実験日（　　年　月　日）天候（　）室温（　℃）
所要時間（　：　～　：　）
共同実験者・人数（氏名　　　　　　　　　：　名） |

とろみ汁の特徴と官能評価

項目＼温度	50℃	20℃	5℃
特　徴 （外観の観察）			
口当たり			
ソフトなまとまり方			
テクスチャー			
飲み込みやすさ			

口当たりが最もなめらかなもの，最もソフトにまとまっているもの，テクスチャーの好ましいもの，最も飲み込みやすいものを1として順位をつける．

考　察

| 実験 19-2 記録表 | 実験日（　　年　月　日）天候（　）室温（　℃）
所要時間（　：　～　：　）
共同実験者・人数（氏名　　　　　　　　　：　名） |

ゲル化剤の添加濃度とゼリーの硬さ

硬さ(N/m^2)＼ゲル化剤	添加濃度（％）		
	介護食用寒天	カラギーナン製剤	ゼラチンパウダー
やわらかくて 流動性がある			
自重で崩れる程度 （$1 \times 10^3 N/m^2$）			
形を保持できる程度 （$1 \times 10^4 N/m^2$）			

考　察

課題

（テクスチャー測定機器を使用しなかった場合は1.と2.のみでよい）

1. 実験19-1の記録表より，嚥下障害のある人が飲み込みやすいと思われる最適温度を推定しなさい．次に，飲み込みやすい温度を考慮して，おいしく，安全に食べられる料理をあげ，嚥下障害のある人の食事作りにおいて調理上，工夫する点を記入しなさい．
2. 実験19-2の記録表より各ゲル化剤の最適な添加濃度を推定しなさい．
3. 実験19-2の記録表をもとに両対数グラフ上のX軸に添加濃度（％），Y軸に硬さ（N/m^2）をとり，3種類のゲル化剤を用いて調製したゼリーについて，ゲル化剤の添加濃度と硬さの関係をグラフに書きなさい．

索引

（太字部分は実験項目および実験材料）

数字

2点識別試験法	10
2点嗜好試験法	11
2点比較法	10
一番だし	110
二番だし	110
三温	50

あ

アルコール温度計	16
アントシアンの色調変化	93
あずきの光学顕微鏡像	75
あめ	47
あん形成能	75
揚げ物	80
揚げ油の温度変化	80
足の強さ	66
油の吸着	80
泡の安定性	55

い〜お

イースト	32
いもの調理性	40
糸引き	47
裏ごし	40
上皿自動ばかり	15
エマルション	86
えん下困難者用食品許可基準	121
塩水比重法	54
嚥下	122
折れ曲げ試験	66

か

カードメーター	68
カラギーナンゲル	105
カラメル	48
ガス抜き	33
ガス発生機構	32
ガム性	118
かつおだし	110
かつお二番だし	111
かまぼこ	66
加工糖	50
果汁のゲル化	99
果汁の酸・糖の濃度	99
介護食	122
角砂糖	50
硬さ	118
官能検査	9
寒天ゲル	104
寒天の調理性	104
含蜜糖	50

き

吸水	92
吸水曲線	24
吸水速度	74
吸水率	21
吸水量	20, 74
吸着油量	82
吸油率	82
強力粉	27
凝集性	118

く

クロロフィルの色調変化	93
グラニュー糖	50
グルテン	26
果物のゲル化	98
果物のペクチン	98
果物の褐変と防止法	99
果物の調理性	98
車糖	50
黒砂糖	50

け

ゲル	40
ゲルの状態	41
ゲル化	41, 98
ゲル化剤	123
ゲル強度試験	42
ゲル特性	41
計量カップ	15
計量スプーン	15
計量・計測	14

こ

小麦粉	26
糊化	41
糊化温度	41
糊化時間	41
誤差率	15
酵素による褐変	94
氷砂糖	50
粉砂糖	50
米	20
米の吸水性	20
米の浸漬	20
米の調理性	20
衣付き冷凍エビ	81
昆布だし	110
混合だし	110

さ

ざらめ糖	50
砂糖の調理性	46
砂糖の水換算率	27
砂糖液	46
魚のだし汁	67
魚の調理性	66

し

シロップ	47
嗜好試験法	10
試料供与	10
識別試験法	10
湿麩率	26
湿麩量	26
湿式加熱	61
実験の記録	9
実験環境	10
実験上の留意点	8
実測値	15
重量比	21
順位法	10
上白	50
蒸発率	21
蒸発量	21
食品の硬さ	116
食品の凝集性	116
食品の重量	14
食品の体積	14
食品の脱水	80
食品の付着性	116
食品の物性	116
食用油	82
食用脂	82
食用油脂	82
白ざら	50

す

スープの素ストック	111
ストップウォッチ	16

すり蜜 ……………………… 47	豆腐 ………………………… 76	物性測定機器 …………… 117
水銀温度計 ………………… 16	豆腐の製造工程 …………… 76	分蜜糖 ……………………… 50
水中油滴型 ………………… 86	糖衣 ………………………… 47	
炊飯の原理 ………………… 20	特別用途食品 ……………… 121	**へ～ほ**
せ	**な, に**	ベーキングパウダー …… 32, 33
ゼラチンゲル …………… 105	菜種法 ……………………… 32	ペクチン …………………… 98
ゼラチンの調理性 ……… 104	煮干しだし ……………… 111	放水 ………………………… 92
ゼリー …………………… 123	肉の調理性 ………………… 60	膨化剤 ……………………… 32
そ	肉, 骨ストック ………… 111	**ま, む～も**
ゾル ………………………… 40	肉, 骨, 野菜ストック …… 111	マッシュポテト …………… 40
ゾルの状態 ………………… 41	乳化 ………………………… 86	マヨネーズ ………………… 87
咀嚼・嚥下困難者用食品 … 121	**ね～の**	豆類の調理性 ……………… 74
咀嚼困難者用食品 ……… 121	熱電対温度計 ……………… 16	ムニエル …………………… 67
た	粘性 ……………………… 117	目安量 ……………………… 15
タイマー …………………… 16	飲み込み特性 …………… 122	もろさ …………………… 118
タイムスイッチ …………… 16	飲み込みやすさ ………… 122	目測値 ……………………… 15
だいずの光学顕微鏡像 …… 75	濃厚卵白率 ………………… 54	**や**
だし汁 …………………… 110	**は**	野菜ストック …………… 111
第1次発酵 ………………… 33	ハンバーグステーキ ……… 61	野菜の吸水・放水 ………… 92
第2次発酵 ………………… 33	バターの水換算率 ………… 27	野菜の調理性 ……………… 92
卵の鮮度鑑別 ……………… 54	パネラー構成 ……………… 10	**ゆ, よ**
卵の調理性 ………………… 54	パネル構成 ………………… 10	ゆで麺 ……………………… 30
卵液の熱凝固性 …………… 55	破断 ……………………… 117	油脂の種類 ………………… 86
弾力 ………………………… 67	破断応力 …………………… 42	油中水滴型 ………………… 86
ち	破断荷重 …………………… 42	有機酸 ……………………… 98
中ざら ……………………… 50	破断荷重F ………………… 42	歪み率 ……………………… 41
中白 ………………………… 50	破断強度試験 ……………… 42	容量比 ……………………… 21
中力粉 ……………………… 27	破断曲線 …………………… 42	**ら, れ**
調理器具の温度指示計 …… 16	破断変形 …………………… 42	らっかせいの光学顕微鏡像 … 75
直示上皿天秤 ……………… 15	破断歪み …………………… 42	卵黄係数 …………………… 54
て	破断歪み率 ………………… 42	卵白の起泡性 ……………… 55
テクスチャーアナライザー … 117	抜絲 ………………………… 47	レトルト粥 ……………… 116
デジタル式上皿自動ばかり … 15	薄力粉 ……………………… 27	レトルトポタージュ …… 116
でんぷんの調理性 ………… 40	**ひ, ふ**	**欧文**
と	ビーカー炊飯 ……………… 21	B. P. ……………………… 32
ドウ ………………………… 26	フォンダン ………………… 47	B型回転粘度計 ………… 117
とろみ汁 ………………… 122	付着性 …………………… 118	O/W ……………………… 86
時計 ………………………… 16	風味側描法 ………………… 10	pH測定 …………………… 15
当番の仕事 ………………… 9	風味調味料だし ………… 111	W/O ……………………… 86
	副材料の役割 ……………… 61	
	物性測定 ………………… 116	

【参考図書】

大羽和子，川端晶子編：調理科学実験．学建書院，2003．

香川芳子監修：五訂食品成分表2004．女子栄養大学出版部，2004．

金谷昭子編：フローチャートによる調理科学実験・実習（第2版）．医歯薬出版，2004．

金谷昭子編著：食べ物と健康，調理学．医歯薬出版，2004．

川端晶子：フローチャートによる調理科学実験．地人書館，1989．

品川弘子，川染節江，大越ひろ：調理とサイエンス．学文社，2001．

島田保子，川端晶子，亀城和子，村山篤子：最新調理学実験．学建書院，1977．

下村道子・和田淑子編著：調理学実験書．光生館，2000．

食品成分研究調査会編：五訂日本食品成分表．医歯薬出版，2004．

高橋敦子，安原安代，松田康子編：調理学実習―基礎から応用．女子栄養大学出版部，2002．

竹治栄美，磯部はるみ・他著：新版調理学および実験．建帛社，1994．

西成勝好監訳（Eric Dickinson 著）：食品コロイド入門．幸書房，1998．

山崎清子，島田キミエ，渋川祥子，下村道子著：新版調理と理論．同文書院，2004．

和田淑子，大越ひろ編著：健康・調理の科学．建帛社，2004．

【編著者略歴】2021年1月現在

早渕 仁美（はやぶち ひとみ）
- 1974年　県立福岡女子大学家政学部卒業
- 1976年　お茶の水女子大学大学院家政学研究科修士課程修了（家政学修士）
- 1980年　九州大学大学院医学研究科博士課程修了（医学博士）
- 1981年　佐賀大学教育学部講師　教育学部家庭科
- 1984年　県立福岡女子大学助教授　家政学部食物科
- 1987年　第一回管理栄養士国家試験合格（管理栄養士登録）
- 2000年　県立福岡女子大学教授　国際文理学部食・健康学科，大学院人間環境科学研究科
- 2017年　公立大学法人福岡女子大学　名誉教授
- 　　　　国立大学法人奈良女子大学特任教授　生活環境学部食物栄養学科

中嶋 加代子（なかしま かよこ）
- 1972年　福岡女子大学家政学部卒業
- 1974年　奈良女子大学大学院家政学研究科修士課程修了（家政学修士）
- 1978年　大阪大学大学院医学研究科生理系専攻修了（医学博士）
- 1987年　九州女子大学講師　家政学部
- 1990年　九州女子大学助教授　家政学部
- 1997年　別府大学短期大学部教授　食物栄養科
- 2015年　別府溝部学園短期大学教授　食物栄養学科

小西 史子（こにし ふみこ）
- 1979年　お茶の水女子大学家政学部卒業
- 1984年　東京大学大学院医学系研究科博士課程修了（保健学博士）
- 　〃　　佐賀大学講師　教育学部家庭科
- 1989年　佐賀大学助教授　地域・生活文化講座
- 2011年　女子栄養大学教授　栄養学部

調理科学実験（第2版）　　　ISBN978-4-263-70450-9

1989年 8 月20日　第 1 版第 1 刷発行（調理科学実験ノート）
2003年 2 月10日　第 1 版第 8 刷発行
2005年 2 月 1 日　第 2 版第 1 刷発行（改題）
2024年 3 月25日　第 2 版第10刷発行

編著者　早渕　仁美
　　　　中嶋　加代子
　　　　小西　史子
発行者　白石　泰夫
発行所　医歯薬出版株式会社

〒113-8612　東京都文京区本駒込1-7-10
TEL. (03) 5395－7626（編集）・7616（販売）
FAX. (03) 5395－7624（編集）・8563（販売）
https://www.ishiyaku.co.jp/
郵便振替番号 00190-5-13816

乱丁・落丁の際はお取り替えいたします．　　印刷・あづま堂印刷／製本・明光社
© Ishiyaku Publishers, Inc., 1989, 2005. Printed in Japan

本書の複製権・翻訳権・翻案権・上映権・譲渡権・貸与権・公衆送信権（送信可能化権を含む）・口述権は，医歯薬出版(株)が保有します．

本書を無断で複製する行為（コピー，スキャン，デジタルデータ化など）は，「私的使用のための複製」などの著作権法上の限られた例外を除き禁じられています．また私的使用に該当する場合であっても，請負業者等の第三者に依頼し上記の行為を行うことは違法となります．

JCOPY ＜出版者著作権管理機構　委託出版物＞
本書をコピーやスキャン等により複製される場合は，そのつど事前に出版者著作権管理機構（電話03-5244-5088，FAX 03-5244-5089，e-mail：info@jcopy.or.jp）の許諾を得てください．